FSC
www.fsc.org
MIXTE
Papier issu
de sources
responsables
Paper from
responsible sources
FSC® C105338

AF293633

Comment le Bitcoin vous sauvera de l'économie actuelle ?

Thomas Manfredi

« Chaque génération a son opportunité. Pour la nôtre, c'est Bitcoin. Ne la laissez pas passer à cause du bruit ambiant. »

-   Thomas Manfredi

Avertissement :

Ce livre a pour objectif de présenter le fonctionnement, les avantages, et les perspectives de la technologie Bitcoin et de la blockchain. Les informations contenues dans cet ouvrage sont fournies à titre informatif uniquement et ne constituent en aucun cas un conseil en investissement, une incitation à acheter ou vendre des actifs financiers, ou une recommandation personnalisée. Avant de prendre toute décision financière, il est recommandé de consulter un professionnel qualifié.

Droits de reproduction :

Copyright :

Préface

Comme beaucoup d'autres nuits récentes, le sommeil me fuyait. Les idées affluaient sans cesse, des schémas et des possibilités s'imbriquant dans mes pensées. Peut-être qu'aux yeux de certains, cela pourrait sembler déraisonnable. Après tout, il est rare de trouver des gens qui, comme moi, passent leurs journées absorbées dans les courbes de graphiques et les évolutions d'un monde dématérialisé.

Mais cette "folie", je l'accepte sans hésitation, car elle m'a mené ici.

J'ai vu combien de personnes, à l'intérieur comme à l'extérieur du monde financier, peinaient à saisir l'essence et la force du Bitcoin. Trop souvent, je me suis senti isolé dans cette compréhension, presque privilégié. Était-ce simplement la chance de tomber sur la bonne information ? Ou plutôt une volonté profonde de transformer ma vie, de trouver une alternative au chemin tracé d'avance ? Je crois qu'il n'y a rien de plus révélateur qu'un épuisement psychologique, un moment où la vie vous pousse à choisir : sombrer ou en faire le tremplin de votre réveil.

J'ai fait le second choix.

Ce livre est né de cette énergie, de ce besoin de partager une vision alternative, en dehors des sentiers battus. La passion est le "cheat code" qui vous pousse à accomplir l'inimaginable, souvent sans même en prendre conscience. J'écris également ce livre dans l'espoir de vous faire gagner du temps. Toutes ces années de recherche, d'essais et d'erreurs m'ont permis de maîtriser des compétences essentielles, et je les condense ici pour vous offrir un chemin plus rapide vers la compréhension et l'action.

Mon objectif ici n'est pas de vous vendre des promesses en l'air, mais de vous offrir les clés pour comprendre pourquoi Bitcoin représente plus qu'un actif financier : une révolution, une occasion pour chacun de retrouver la liberté, la propriété et un contrôle oublié sur sa vie économique et sociale. Je vous invite à explorer ces pages en restant ouvert et curieux.

Vous pouvez retrouver tous les liens des références de ce livre sur la page de mon Linktree, directement cliquable via ce QR code :

Sommaire

Introduction

Combien d'entre vous se sont demandé : Comment puis-je devenir riche ? Je dirais 99%. Combien d'entre vous pensent gagner au loto pour y arriver ? Je dirais 70%. Combien d'entre vous ont de plus en plus de mal à vivre au quotidien ? Je dirais 60%. Combien d'entre vous arrivent encore à mettre un tiers de leur salaire de côté ? Je dirais 40%. Combien d'entre vous arrivent encore à voyager ou à partir en vacances alors qu'il y a 10 ou 20 ans c'était la "normalité" ? Je dirais 25%. Combien d'entre vous passent réellement à l'action et sont prêts à faire des sacrifices à court terme ? Je dirais moins de 10%.

Nous vivons dans un monde où tout est faux, en réalité tout ce que vous pensez être à vous ne l'est pas. Nous sommes juste un engrenage qui continue à faire tourner et favoriser le système tout entier.

Écoles => grandes études => CDI/CDD => payer des impôts et des charges de plus en plus lourdes => être augmenté après des dizaines d'années => et payer encore plus d'impôts car nous gagnons plus (Pourquoi le garder pour nous ? Bien sûr que non le système est là pour mettre la main dessus) => Payer un crédit sur une maison qui est « censé » nous appartenir pour laquelle nous devons payer une taxe foncière => Retraite après 40 ans (ou plus…) de « travail » que j'appelle *l'esclavagisme dissimulé* en ayant fait confiance au système pour vous la verser.

Voilà en résumé le chemin que le système et la société veulent pour nous, le terme contribuable n'est pas utilisé par hasard, nous contribuons tous à ce système pendant toute notre vie.

Nicolas Sarkozy ancien président de la République Française a lancé en 2007 une des expressions les plus controversés et qui me fait délicatement sourire. « *Travailler plus pour gagner plus* » On voit ouvertement que les politiques se voilent la face ou refusent de dire la vérité. Cette phrase n'a aucun sens en France. Elle devrait plutôt être « Travailler plus pour en donner plus ». La différence gagnée entre les revenus d'une personne considérée comme moyenne en comparaison d'une personne considérée comme riche après toutes charges incluses est dérisoire. On rajoute à cela le plus important : Le travail pour être « riche » va vous prendre 15h, 20h par semaine de plus (Faites les calculs par vous-même, c'est assez hilarant). **Le temps** est l'actif le plus important, au-delà de tout argent. On ne peut pas l'acheter ni le rallonger. Retenez bien cela, c'est la composante primordiale.

Les personnes pensent qu'elles seront riches en épargnant sur un livret A avec un taux de 3%. Laissez-moi vous dire dès maintenant que ça n'arrivera pas.
Voyez-vous où je veux en venir ? Ce phénomène s'appelle l'inflation. Je ne parle pas de l'inflation comme le terme qu'on peut entendre sur les médias ou les plateaux télévisés, mais au sens beaucoup plus profond. Ils vont nous expliquer que l'inflation monte et descend au fur et à mesure des années ; la réalité est tout autre. La possibilité de créer et d'imprimer de l'euro et du dollar à l'infini constitue une hyperinflation qui ne descend jamais.
Pourquoi croyez-vous que les Lamborghini soient créées à quelques milliers d'exemplaires ? C'est cela qui fait leur rareté et leur valeur.

Le peuple est de plus en plus divisé, les ultra-riches sont de plus en plus riches, les pauvres sont de plus en plus pauvres, la classe moyenne est bloquée par les gouvernements successifs à financer l'État grâce à la magie des impôts.

J'ai appris beaucoup plus en 5 ans grâce aux livres, à l'autoformation dans le domaine de la finance qu'en 20 ans d'école. En fait, c'est normal que cette matière ne soit pas enseignée à l'école il faut bien comprendre que le but du gouvernement est de nous garder dans cette tranche de la classe moyenne. Sinon, qui les financerait ?

Je suis quasiment sûr qu'un bon tiers des lecteurs en ce moment en ont marre du salariat et de travailler pour un patron en payant toujours plus d'impôts et de cotisations diverses. Je ne dis pas que ce que je vais apporter dans ce livre est une solution miracle et va faire de tout le monde un millionnaire, mais il va apporter beaucoup de connaissances que l'on devrait, selon moi, apprendre à l'école. Je parlerai évidemment du sujet principal de ce livre : le Bitcoin et la blockchain (pour bien comprendre les spécificités), qui pour moi vont devenir incontournables dans les prochaines décennies.

Vous avez sûrement entendu parler de Bitcoin au moins une fois autour de vous. Peut-être que la personne qui vous en a parlé l'a mal présenté n'a pas mentionné ses véritables avantages et propriétés. Quand j'ai enfin compris ces aspects, j'ai réalisé que c'était une révolution sur laquelle personne ne pouvait exercer de contrôle.

Ce livre est écrit pour vous présenter une solution alternative à tout cet endoctrinement, c'est pourquoi il est fondamental dans un premier temps de vous exposer le contexte économique dans lequel nous vivons aujourd'hui et pourquoi celui-ci mène à l'échec si nous le suivons.

Ces lignes ne seront en aucun cas une incitation à acheter ou investir dans les cryptomonnaies ou quoi que ce soit, mais bien à faire comprendre pourquoi c'est inévitable alors que les grands de ce monde essaient de nous le cacher.

Partie 1 : Contexte économique

Chapitre 1 : Un retour sur la monnaie

Je me dois tout d'abord dans un premier chapitre de faire un rappel sur ce qu'est la monnaie. Son but à l'origine est principalement un moyen d'échanger de la valeur en fonction de produits ou de services entre diverses personnes. Actuellement, si Pierre veut acheter une baguette de pain Il devra utiliser à 90% des euros (ou des dollars peu importe). Il y a peu de chances que la boulangère accepte autre chose. Vous pouvez toujours lui donner un objet de plus grande valeur, mais vous vous serez fait avoir. La clé ici réside dans la « quasi-stabilité » de la monnaie par les banques centrales, ce qui empêcherait la baguette de pain d'avoir un prix d'1€ un jour et 3€ ou 0,20€ une semaine après. Cela étant dit, ces banques centrales ont tout de même de plus en plus de mal à y parvenir, nous en reparlerons plus tard.

La monnaie doit répondre à quelques fonctions principales :

- Elle doit être facilement manipulable et divisible, ce qui est censé faciliter les petits aussi bien que les gros échanges. Cette caractéristique était bien vraie à la création du dollar, des francs ou même de l'euro, mais essaye aujourd'hui de payer une piscine par exemple de 4000€ en billet de 500€… (billet qui ne sont même plus acceptés d'ailleurs) le vendeur va bien rigoler.
Elle doit également être facilement transportable lors de voyages par exemple.

- Elle doit être acceptée par la population comme moyen de paiement, une certaine confiance doit être instaurée. Imaginez si tout le monde retire leurs épargnes pour acheter

-   de l'or qu'ils considèrent bien plus sûr que l'euro ou le dollar (que nous appellerons monnaie Fiat), que se passerait-il ? Si personne ne décide de l'utiliser ou n'a confiance en quelque chose cela finira simplement par disparaître.

-   Le plus important pour moi est le fait qu'elle doit garder sa valeur au cours du temps. Je peux d'ores et déjà dire que c'est raté. Le célèbre graphique[1] ci-dessous montre que 100$ en 1913 lors de la création de la FED (Federal Reserve : réserve fédérale américaine qui est l'équivalent de la Banque centrale européenne) vaut aujourd'hui 3.87$. Le pouvoir d'achat a été réduit par plus de x25 !!

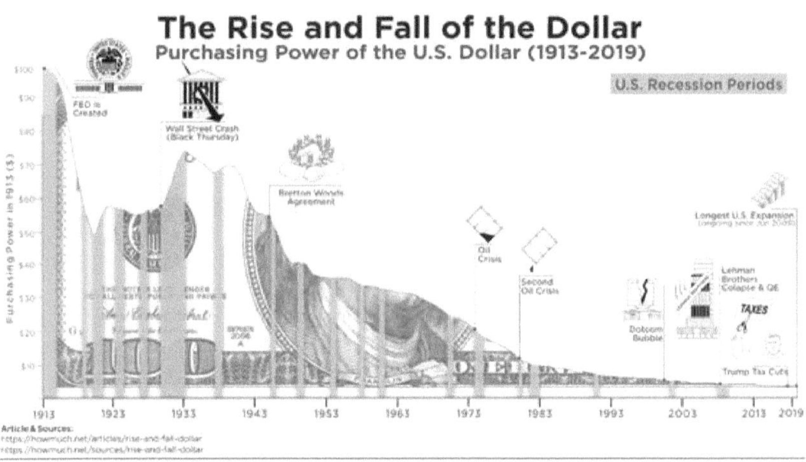

---

[1] Source voir page 103 Référence 1.

Comment le Bitcoin vous sauvera de cet économie

Je ferai souvent le parallèle avec les États-Unis et le dollar car même endetté, ils restent pour le moment la première puissance monétaire mondiale grâce au dollar.

Ce qui a conduit à cette chute vertigineuse et le plus gros problème de ces monnaies en l'état actuel : les banques centrales peuvent imprimer des billets comme bon leur semble.
Refaisons le parallèle avec mes propos en introduction : plus quelque chose est rare, plus sa valeur va augmenter, retenez bien cela, cette phrase paraît banale mais elle est l'explication de beaucoup de phénomènes humains.

Nous allons voir comment nous avons essayé de trouver d'éventuelles alternatives pour pallier les limites de la monnaie gérée par les banques centrales telle que nous la connaissons.

Chapitre 2 : L'or

L'or existe depuis des milliers d'années bien avant l'invention de la planche à billets. Il est encore aujourd'hui d'après le site Internet Compagnies Market Cap[2] le premier actif au monde en termes de capitalisation de marché, y compris devant les grand GAFAM (Google, Amazon, Facebook aujourd'hui renommée Meta, Apple et Microsoft). Qui n'a jamais rêvé d'or ? Qui n'a jamais rêvé d'aller à sa banque et demander d'ouvrir son coffre personnel rempli d'or ? Tout le monde y a déjà pensé au moins une fois.

Certes, l'or ne peut être créé ; il se trouve dans la nature, mais peut-on réellement savoir quelle quantité en existe-t-il ? Est-il envisageable de découvrir un lieu précis où des centaines de kilos seraient enfouis ? La réalité est que nous naviguons vers l'inconnu en ce qui concerne les réserves d'or, bien que cette incertitude demeure moins risquée que l'activation de la « planche à billets » par les banques centrales.
Un des problèmes commence à se dessiner : Qu'adviendrait-il de son abondance et de sa rareté ? Tout est régi par l'offre et la demande.

Un autre point très important concerne sa manipulation. Nous pouvons encore une fois comparer avec les exemples cités au-dessus : je vous mets au défi d'aller acheter une baguette de pain avec de l'or (sans que vous vous fassiez avoir évidemment parce qu'il vaudra bien plus que cette fameuse baguette). Il y a de grandes chances que la boulangère vous prenne pour un fou en croyant que c'est une falsification. Dans le meilleur des cas où elle pense que l'or est vrai, vous pourrez difficilement le couper en petits morceaux pour faire une part « égale » qui serait de la même valeur que la baguette.

---

[2] Source voir page 103 Référence 2.

Comment le Bitcoin vous sauvera de cet économie

A partir de 1870, « l'étalon or » est arrivé. Cela signifie qu'il était considéré comme monnaie à part entière par l'Etat : toute personne qui en détenait pouvait l'échanger contre des billets de dollars. Les pays pouvaient même s'en échanger entre eux, pour peu qu'ils aient chacun accepté l'étalon or, ce qui en faisait une monnaie unique entre différents pays sans se soucier de leur monnaie locale et des problèmes sous-jacents comme les taux de change par exemple.
Les Etats ont remarqué ces faiblesses lors de la Première Guerre mondiale en 1914 : Il fallait qu'ils financent la guerre et ils n'auraient pas pu tenir 4 ans avec une quantité finie d'or. Ils ont comme à leur habitude, imprimé des billets pour subvenir aux besoins de « faire la guerre ». L'effet pervers derrière est que nous ne voyons les effets négatifs que des dizaines d'années après.

La grande dépression des années 1930 a engendré la fin de l'étalon-or lorsque les nations ont abandonné la convertibilité directe de leur monnaie en or (en 1971 pour les Etats-Unis par Richard Nixon). Cette décision a ouvert la voie un système monétaire plus flexible mais plus instable et plus centralisé. L'Etat ne veut pas se dissocier du contrôle du système monétaire ce qui est le cœur du problème. Prenez conscience de ce fait : Les États ne sont pas des entreprises, la manière dont est géré l'économie est catastrophique.

L'or reste cependant aujourd'hui une valeur refuge dans un monde où nous DEVONS éviter les fluctuations économiques dues à de mauvaises décisions. En termes d'investissement, il reste toujours plus sûr que les monnaies Fiat et jouit également d'une légère croissance contrairement au dollar qui voit sa valeur diminuer au fur et à mesure des années.

Je vous partage cette anecdote qui va permettre de continuer votre réflexion sur le sujet :

Chapitre 2 : L'or

Saviez-vous qu'en 1933, Roosevelt (président américain à ce moment-là) interdisait la détention d'or pour les citoyens américains ?

Ils avaient pour consigne de restituer tous les lingots et autre pièce en or aux banques fédérales pour la somme de 20,67$ l'once d'or. Où s'arrêtera la liberté de la personne ?
À titre informatif, une once d'or équivaut à un petit lingot pesant 31 g. Plus de 90 ans plus tard, l'once vaut aujourd'hui plus de 2300$. Je vous laisse faire le calcul, notamment du temps qu'il aurait fallu pour faire un multiplicateur de plus de 110 avec votre livret A ou votre compte épargne retraite. Et encore si cela reste possible….
Oui, faire un x110 parait impensable pour 70% de la population. Je vous assure que cela est possible d'autant plus en 90 ans.

Chapitre 3 : Arrivée des paiements virtuels

Dans la chronologie du contexte économique, nous allons commencer à nous rapprocher de plus en plus des banques et de toutes les problématiques qu'elles peuvent engendrer. Tel que nous les connaissons aujourd'hui, nous avons normalement tous des comptes bancaires. Tout d'abord, sachez que le montant qui apparaît dans votre application bancaire n'est pas physiquement détenu par la banque. C'est pour cela que les virements classiques prennent en général entre 24 et 48 h. C'est la même chose pour tout ce qui est livrets A, LEP, etc, ... L'Etat s'approprie même votre argent via la Caisse des dépôts et consignation (CDC) pour l'investir ailleurs et/ou payer les logements sociaux et les obligations de l'Etat (donc de la dette) en plus grande partie.

Des milliers de personnes le savent, mais peu en réalisent la gravité. Je ne peux m'empêcher d'avoir un sourire quand on me dit : « J'épargne à 3% sur mon livret A, et en plus c'est SANS RISQUE » Je vais me faire beaucoup d'ennemis en donnant mon avis sur la question, mais au moins seuls les plus téméraires continueront la lecture. Si vous croyez au plus profond de vous à cette phrase du « sans risque » que j'entends si souvent, je suis désolé pour vous. Je serai encore plus rassuré de garder tout en liquide en dessous de mon lit comme le faisaient nos arrière-grands-parents.

Admettons que la banque en question ait 5000 clients (j'ai volontairement pris une petite ville comme exemple pour vous montrer l'absurdité du calcul). Comme 90% des individus épargnent sur des livrets A à 3%, on peut concevoir pour une moyenne que chacun l'a rempli de moitié (11475€).

Chapitre 3 : Arrivée des paiements virtuels

Il faudrait que la banque ait dans ses « coffres fort » 51 Millions d'euros en réserve. Pensez-vous vraiment qu'elles aient des montants de cette taille dans l'arrière-boutique ? La réponse est non.

Il y a plusieurs années, je me rendis à la banque avec un proche de ma famille pour effectuer un virement de 6000€ de son livret vers le mien. Nous sommes restés 45 minutes au guichet à devoir justifier sur un formulaire de 4 pages tout un tas de questions : « pourquoi ? à qui ? Nous devons mettre à jour vos informations, quel est votre métier ? Combien gagnez-vous ? » Il y avait des dizaines d'items et de questionnements intrusifs alors que c'est censé être notre argent, qui plus est surtout lorsqu'il s'agit seulement de 6000€. Pour la fin de l'histoire, après des échanges échauffés avec la dame au comptoir, elle m'annonce que le virement sera fait sous une semaine, une semaine ! Je n'ose même pas imaginer si je souhaitais retirer cet argent en liquide.

Concernant le retrait en espèces, il existe des dizaines d'exemples de ce qu'il se passerait si la plupart des clients souhaitaient retirer leurs fonds, ce qu'ils sont totalement en droit de faire. Au premier trimestre 2023, 3 grandes banques ont fait faillite notamment à cause du contexte économique : La Silicon Valley Bank, la Signature Bank, et la First Republic Bank. Elles totalisaient 532 Milliards de dollars sous gestion, ce qui est bien loin des banques françaises moyennes. Les clients étaient dans l'impossibilité d'accéder à leurs fonds, jusqu'à ce qu'elles se fassent racheter par d'autres banques plus grosses comme JP Morgan Chase. « C'est toujours SANS RISQUE pour vous ? » Si le rachat ne peut pas avoir lieu ou qu'aucune autre entreprise ne veut racheter des banques en faillite (ce qui est compréhensible), il existe en France une garantie des dépôts assuré par l'Etat. Les avoirs sont couverts jusqu'à 100000€ par personne et par établissement.

Comment le Bitcoin vous sauvera de cet économie

Vous me direz, personne ne laisse plus de 100000€ sur un compte bancaire, en effet vous avez raison, du moins je l'espère pour eux. Néanmoins, il peut y avoir des multitudes de comptes de société qui ont besoin de bien plus que 100000€ pour fonctionner. Sans faire de cours de gestion et de comptabilité, elles ont constamment besoin de liquidités pour pallier les entrées/sorties d'argent avec des montants qui ne sont pas du tout les mêmes que pour un particulier. Vous comprenez les dégâts que cela peut causer sur des centaines d'entreprises.

Les chèques

Avec l'arrivée des comptes bancaires, il y a eu le chèque. Très pratique, ce dernier permet le paiement de gros montants sans forcément exploser le plafond de votre carte bancaire. Il est aussi avantageux de pouvoir envoyer un chèque à des centaines de kilomètres sans avoir à se déplacer. Il y a cependant des points négatifs indéniables.

1) Les chèques sont souvent payables et acceptés seulement dans le pays d'origine de la banque, d'où l'inscription « payable en France » quasi systématique. Vous l'aurez compris, cela peut poser des problèmes bien plus aux professionnels qu'aux particuliers. Une entreprise pourrait avoir des dizaines de fournisseurs à l'étranger et être bloquée, dans ce cas ils utilisent plutôt les virements (qui peuvent d'ailleurs engendrer des frais supplémentaires hors zone SEPA)

2) Les banques ne gagnent absolument rien à vous fournir un chéquier, si ce n'est la faible marge du prix du timbre-poste pour vous l'envoyer à votre domicile.

Elles sont là avant tout pour gagner de l'argent, même si c'est un service utile à la population, si elles n'ont pas le moindre avantage de le proposer, elle va tout simplement l'arrêter ou le pousser gentiment vers la sortie.

3) Enfin arrive le problème du chèque en bois. Certains se sont amusés à faire des chèques alors qu'ils n'avaient pas du tout les montants à payer sur leur compte en banque. De ce fait, de moins en moins de commerçants les acceptent. Il n'est pas difficile de comprendre que ce sont toujours les « bons » qui subissent à cause des « mauvais ». Il s'installe donc une sorte de cercle vicieux entre le peuple qui ne veut pas se faire arnaquer (ce qui est légitime), celui qui veut toujours l'utiliser (car cela reste très utile), et les banques qui veulent lentement sa fin. Vous connaissez sûrement le chèque de banque certifié : il permet au débiteur de s'assurer que le compte du débité contient l'argent suffisant. Pourtant, c'est un service payant. Imaginez si vous deviez payer des frais à chaque chèque. C'est tout simplement inenvisageable.

Il existe également un autre problème mineur, pour des questions de comptabilité, une bonne partie des entreprises pratiquent le versement des chèques en fin de mois, voire même à la fin du trimestre comme par exemple certaines copropriétés de résidence immobilière (mais plus rare). Cela peut juste prendre au dépourvu le contribuable lors du débit de celui-ci. Il advient bien sûr que chacun soit disposé à savoir un minimum gérer sa situation financière.

La carte bancaire

En France, nous l'appelons tous carte de « crédit », mais soyons clairs, 80% des personnes possèdent des cartes de « débit ». Débit différé ou immédiat, je ne ferai ici pas la différence.

Comment le Bitcoin vous sauvera de cet économie

Je vais prendre le cas le plus commun, le débit immédiat. Cette carte est donc liée à votre compte bancaire et permet le paiement rapide de petits ou plus gros montants. Elle est encore aujourd'hui le moyen de paiement le plus utilisé au monde.

Si nous comparons avec le chèque, ici les banques étalent des dizaines de packs de cartes et de garanties tous plus chers les uns que les autres.

L'inflation touche tout le monde, même les banques. C'est bien évidemment beaucoup plus intéressant pour elles de vendre ce service.

Les cartes fonctionnent également lors de voyages à l'étranger que ce soit en zone euro ou non moyennant des frais supplémentaires (selon la formule et le type de carte possédé)

Pourquoi prendre la peine de garder sur soi des tonnes de billets et des chéquiers qui sont de moins en moins acceptés alors que tout notre compte en banque peut être contenu dans une seule carte et être accepté quasiment partout ?

Cela ne résoudra pas le problème de pouvoir faire ce que l'on veut avec de l'argent qui est supposé nous appartenir, tant qu'il passera par ce que l'on appelle un « tiers de confiance », il y aura toujours un danger.

J'ai récemment vu dans la mise à jour des conditions générales d'une certaine banque, qu'au-dessus de 1000€ en un virement ils seraient contraints de nous dénoncer au TracFin : c'est un service de renseignement placé sous l'autorité du ministère de l'économie. Le prétexte sous ce changement est d'agir contre « le blanchiment de l'argent et le financement du terrorisme ». Soyons honnêtes 30 secondes, je ne vais pas financer une guerre avec 1000€… non, c'est juste parce que l'Etat veut nous surveiller et nous contrôler. Est-ce que vous vous rendez compte de l'absurdité du mécanisme ? Si je veux envoyer 1000€ pour un cadeau d'anniversaire à un ami, je risque d'être signalé au fisc français !

Chapitre 3 : Arrivée des paiements virtuels

Il est évident qu'il existe un conflit d'intérêts entre les ministères et les banques qui les obligent à se soumettre aux règles de surveillance. Malheureusement, cela se répercute souvent sur les contribuables. La stabilité des banques repose uniquement sur la confiance que nous accordons en l'Etat. En réalité, cette confiance repose sur des fondations fragiles sans substance concrète.

Aux États-Unis, la population utilise beaucoup plus les cartes de « crédit ». Il est important de comprendre la différence avec les cartes de débit, pour voir à quel point les ménages s'endettent d'eux-mêmes. Le fonctionnement est simple : elles permettent au titulaire de dépenser de l'argent emprunté, jusqu'à une limite prédéterminée, plutôt que de payer immédiatement avec de l'argent liquide ou avec les fonds disponibles sur leur compte bancaire. Lorsqu'un titulaire de carte de crédit effectue un achat, la société émettrice de la carte avance l'argent nécessaire au commerçant. À la fin de chaque période de facturation (généralement mensuelle), le titulaire de la carte reçoit une facture indiquant le solde à rembourser. Ce solde peut être réglé en totalité pour éviter les frais d'intérêt ou bien le titulaire peut choisir de ne payer qu'un montant minimum, reportant ici le reste de la dette sur le mois suivant. Vous l'aurez compris, cela peut causer un cercle sans fin.

L'une des conséquences de l'utilisation généralisée des cartes de crédit est l'accumulation de dettes. Sur ce point, les Américains ne sont pas du tout sensibilisés à la bonne gestion financière, ce qui conduit à un endettement excessif dû à plusieurs facteurs :

1) Taux d'intérêt élevé : les cartes de crédit ont souvent des taux d'intérêt relativement élevés, surtout pour les titulaires qui ne paient pas leur solde d'une totalité chaque mois. Ces taux peuvent rendre la dette difficile à rembourser, surtout si elle s'accumule sur plusieurs mois ou années.

2) Facilité d'accès au crédit : les émetteurs de cartes de crédit proposent souvent des limites de crédit élevées, ce qui peut inciter les consommateurs à dépenser au-delà de leurs moyens financiers réels.

3) Marketing et incitation : les offres promotionnelles, les récompenses de fidélité et les programmes de cashback incitent souvent les consommateurs à utiliser davantage leur carte de crédit, même s'ils n'ont pas les moyens de rembourser immédiatement leurs achats.

4) Changement économique : Les événements imprévus tels que la perte d'emploi, les problèmes de santé ou les crises économiques peuvent également contribuer à l'accumulation de la dette des ménages, car les consommateurs peuvent être contraints d'utiliser leur carte de crédit pour couvrir les dépenses courantes.

Bien que les cartes de crédit offrent une flexibilité importante dans la gestion des finances personnelles il est crucial pour les consommateurs de les utiliser de manière réfléchie et de surveiller de près leur niveau d'endettement. L'accumulation de dettes des cartes de crédit peut entraîner des conséquences financières durables et peut compromettre la santé financière à long terme des ménages. Une gestion prudente des finances personnelles, y compris le remboursement rapide des soldes de carte de crédit, est essentiel pour éviter les pièges de l'endettement excessif. Pour illustrer toute cette partie, la dette des cartes de crédit avait atteint 1000 milliards de dollars en fin de l'année 2023.

Fort heureusement, en France nous n'avons pas cette obsession pour les cartes de crédit, ce qui ne nous rajoute pas un poids supplémentaire pour combattre cette économie déjà difficile.

Le graphique[3] ci-dessous illustre le taux de défaut des cartes de crédit américaine rapporté par Discover Financial, 6ème plus gros distributeur de cartes de crédits.

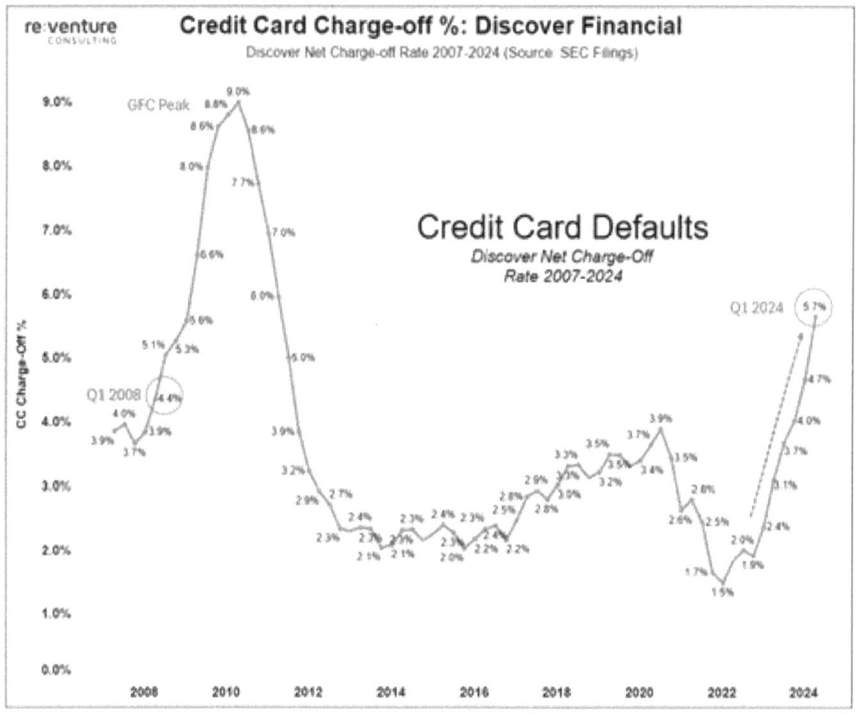

Voyez par vous-même la gravité : pour ce premier trimestre 2024, ils sont arrivés à des taux similaires à début 2008 ce qui correspond à la bulle de la crise des subprimes. Nous connaissons tous les événements qui ont suivi...

Chapitre 4 : Le constat d'aujourd'hui

Dans les rouages complexes de l'économie mondiale l'inflation et la dette publique agissent souvent comme des forces incontournables influençant le quotidien des citoyens et le destin des nations. En France comme aux États-Unis, ces deux phénomènes interconnectés ont façonné les politiques économiques et pesé sur le pouvoir d'achat des individus. Je ne vais pas évoquer tous les indicateurs économiques, ce n'est pas le but principal de ce livre. Je me dois cependant de décrire les principaux afin de comprendre comment et pourquoi il est vital de vous fournir un minimum de culture économique afin de compter le moins possible sur les États.

L'inflation : une épée à double tranchant

L'inflation, cet insidieux déclin de pouvoir d'achat de la monnaie peut être aussi bien signe de vitalité économique qu'une menace pour la stabilité financière. En France et aux États-Unis, les banques centrales ont souvent jonglé avec les taux d'intérêt et les politiques monétaires pour maintenir l'inflation à des niveaux jugés acceptables. La Réserve Fédérale des Etats-Unis (FED) et leur président Jérôme Powell, ont toujours eu comme objectif d'obtenir 2% d'inflation.

Le graphique[4] ci-après représenta l'inflation aux États-Unis sur les dix dernières années.

---

[4] Source voir page 103 Référence 4.

Comment le Bitcoin vous sauvera de cet économie

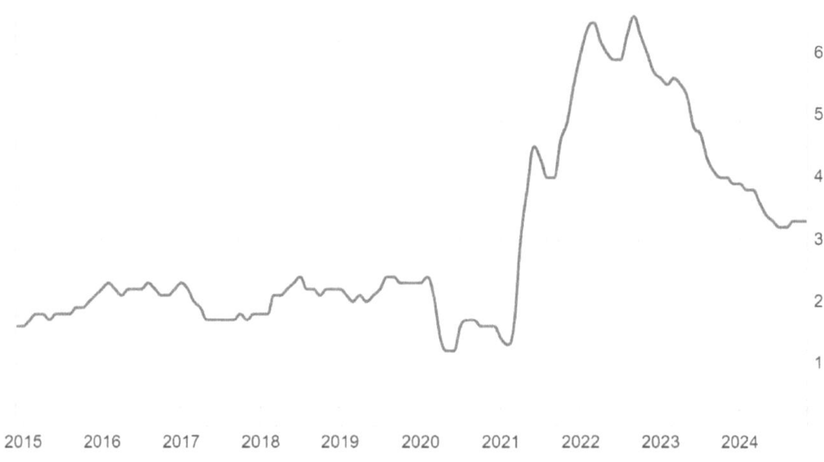

Nous sommes donc toujours au-dessus (aux alentours de 3,3%) au mois de novembre 2024. Vous remarquerez qu'il y a un pic au-dessus des 7% en moyenne sur l'année 2022.

Lorsque l'inflation s'emballe les conséquences peuvent être dévastatrices. Les épargnants voient leurs économies érodées (c'est pour cette raison qu'ils seront toujours perdants), les travailleurs peinent à suivre le rythme des hausses de prix et les entreprises font face à des coûts croissants.
Cette spirale inflationniste peut donc saper la confiance du peuple dans la capacité du gouvernement à gérer l'économie et entraîner une instabilité sociale.

Les données sont sensiblement identiques pour L'Europe et la Banque centrale (BCE). Elles suivent souvent les mêmes cycles, juste décalés. Je me concentre sur les États-Unis, car ils représentent la première puissance monétaire mondiale (pour le moment), et il est plus facile d'obtenir des données en abondance.

Les outils de la FED pour combattre cette inflation

Pour faire face à l'inflation, la FED (et la Banque centrale européenne BCE pour l'Europe) dispose de plusieurs outils monétaires puissants. Parmi eux, l'augmentation des taux d'intérêt est l'un des plus efficaces et les plus souvent utilisés.

L'un des moyens les plus directs pour la FED de contrôler l'inflation et de modifier les taux d'intérêt. Les taux directeurs sont les taux auxquels les banques commerciales peuvent emprunter de l'argent à la FED. En augmentant ses taux, la FED peut ralentir la demande dans l'économie et ainsi réduire les pressions inflationnistes.

1) **Taux de refinancement** : ce taux est le principal taux directeur de la FED. En augmentant le taux de refinancement, la FED rend le coût de l'emprunt plus élevé pour les banques commerciales. Cela se répercute sur les taux d'intérët que ces banques appliquent à leurs prêts aux entreprises et aux ménages, réduisant ainsi l'incitation à emprunter et à dépenser.

2) **Taux de dépôt** : ce taux est payé par la FED sur les dépôts des banques commerciales. En augmentant le taux de dépôt, la FED encourage les banques à déposer plus d'argent chez elle plutôt que de le prêter, ce qui réduit la quantité de monnaie en circulation et aide à maîtriser l'inflation.

Comment le Bitcoin vous sauvera de cet économie

Lorsque les taux d'intérêt augmentent le coût du crédit devient plus élevé. Cela à plusieurs effets sur l'économie :

1) **Réduction des dépenses des ménages** : Les taux d'intérêt plus élevés augmentent le coût des prêts à la consommation tels que les prix hypothécaires et les prêts auto (même si je ne vous conseille pas de vous endetter pour réaliser un prêt auto, mais c'est un autre sujet).
Cela réduit la demande pour ces prêts, ce qui diminue les dépenses des ménages et donc la demande globale dans l'économie.

2) **Diminution des investissements des entreprises** : Les entreprises trouvent également le coût des emprunts plus élevées, ce qui les incite à réduire leurs investissements en capital. Moins d'investissements signifient moins de création d'emplois et une croissance économique plus modérée, ce qui aide à contenir l'inflation.

Ils disposent également de ce que j'aime appeler « le jeu de dupes » qui joue sur la psychologie du marché et des contribuables : la communication et les expectatives. Il ne faut surtout pas sous-estimer le sentiment humain. En annonçant clairement ses intentions de politique monétaire et en maintenant une crédibilité élevée, la FED peut influencer les anticipations inflationnistes. Si les agents économiques croient que la FED est déterminée à maîtriser l'inflation, ils ajusteront leur comportement de manière à aider à contenir les pressions inflationnistes (ceci même sans le savoir ni obligatoirement le vouloir).

Chapitre 4 : Le constat d'aujourd'hui

Le graphique[5] ci-dessous illustre les taux d'intérêts aux États-Unis. En le comparant avec celui de l'inflation de la page précédente, vous vous apercevrez très rapidement de la connexion sur la temporalité des hausses.

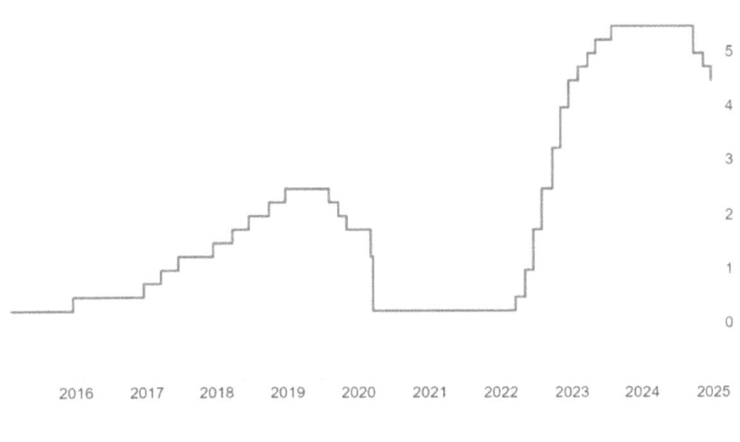

Vous l'aurez compris, la lutte contre l'inflation est une tâche complexe qui nécessite un bon équilibre entre diverses mesures politiques. Si la FED n'est pas assez prudente, il peut survenir une récession et l'économie va encore plus souffrir (notamment une faillite des grosses banques comme déjà vu précédemment).

Nous sommes en quelques sorte une fois de plus manipulé : imaginez une famille qui a choisi de travailler dur pendant une dizaine d'années pour s'offrir la maison de leurs rêves. Ils sont enfin prêts, et grande coïncidence : la FED a décidé d'augmenter les taux parce que l'inflation augmente, vous me direz mauvais timing alors !
Cette famille a alors deux solutions :

---

[5] Source voir page 103 Référence 5.

Comment le Bitcoin vous sauvera de cet économie

1) Soit elle prend quand même son crédit mais à 5,5%, ce qui va engendrer un coût de crédit en plus très conséquent de plusieurs dizaines de milliers d'euros (Sur des gros montants comme les maisons, les coûts de crédit entre un taux à 2% et un taux à 5,5% peuvent vraiment s'étendre à quelques dizaines de milliers d'euros, je vous laisse faire les calculs) si elle peut se le permettre ;

2) Soit elle doit attendre gentiment que l'inflation descende pour que les taux baissent par la suite (ce qui généralement prend des mois à l'issue pour se faire).

C'est là tout le problème de ce point. Nous sommes tributaires d'un système économique et des décisions prises par les États qui veulent faire « stagner » l'économie. Est-ce que vous seriez prêt à mettre « **votre vie en pause** » le temps que « la situation aille mieux » ? Personnellement, je n'ai en aucun cas l'envie de repousser mes projets quels qu'ils soient pendant des mois ou des années (La FED estime un début de baisse des taux vers fin 2024 à l'heure actuelle) simplement à cause de décisions sur lesquelles je n'ai pas la main et qui m'impactent individuellement.
Il y a un fait indéniable et immuable, pendant qu'ils jouent, le temps passe.

Vous pensez peut-être que le terme « vie en pause » est fort, mais rendez-vous compte de l'effet boule de neige : période d'hyperinflation, les prix et la vie augmentent, et les salaires n'augmentent pas ou très peu (les entreprises sont également prises à la gorge). Rajoutez à cela particulièrement pour les États-Unis, la dette sur leurs cartes de crédit contractées avant cette période d'hyperinflation qui continue sans cesse d'augmenter, et vous obtenez un cocktail explosif.

Ce n'est pas une illusion, beaucoup de contribuables n'arrivent plus à survivre, surtout pendant ces périodes alors que dans le passé, ils y arrivaient très bien.

Seriez-vous prêt à laisser le volant de votre voiture à un inconnu ? Je pense que n'importe quelle personne sensée répondra négativement.

Le contrôle : si vous ne l'avez pas, vous êtes dépendant de quelqu'un. Rappelez-vous du sujet des banques évoqué plus tôt dans ce livre : c'est identique vous n'avez pas le contrôle, elle peut fermer vos comptes à tout moment.

Une connaissance qui date de plusieurs années s'est vu fermé le compte de son entreprise. Son compte bancaire personnel a également été fermé par la banque alors qu'il n'y avait aucun rapport. La personne a quand même commis l'erreur d'avoir le compte d'entreprise et personnel dans la même banque effectivement mais le point important n'est pas là, vous **devez** avoir le contrôle.

Des Etats toujours plus endettés

Les derniers points qui sont essentiels d'aborder pour comprendre la gravité de la situation et l'endettement massif des Etats, et pourtant personne ne semble en parler.

En France, le niveau de la dette publique est de 3100 milliards d'euros comme le montre le graphique[6] ci-dessous.

---

[6] Source voir page 103 Référence 6.

Dette au sens de Maastricht et dette nette

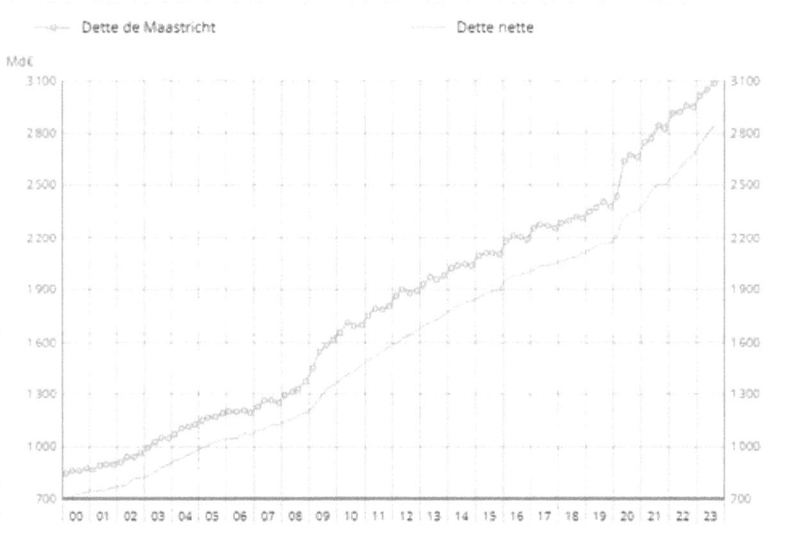

La plus forte augmentation de ces dernières années est au début des années 2000 (environ 850 milliards) jusqu'à aujourd'hui.

Notez la différence entre ces deux courbes : la dette de Maastricht représente l'ensemble de la dette publique brute de la France, sans prendre en compte ses actifs financiers. En revanche, la dette nette tient compte de ces actifs, offrant une image plus précise de l'endettement réel de l'État. Même si cette distinction n'est pas cruciale dans ce contexte, les médias évoquent principalement un seul chiffre, car les deux dettes sont généralement assez proches.

Chapitre 4 : Le constat d'aujourd'hui

Commencons par les principales causes de cet endettement :

1) Dépenses publiques :

- Protection sociale : oui, beaucoup diront que la France possède un système de sécurité sociale très développé. Les retraites, l'assurance maladie (dont les gens pensent qu'elle est gratuite), l'assurance chômage et les allocations familiales. J'intégrerai également dans ce point le surnombre d'arrêts maladie abusifs. Quand je vois la facilité avec laquelle nous pouvons être et surtout rester en arrêt, je ne suis plus étonné de la portée de ce déficit.
  C'est sans doute la plus grosse section, et l'Etat ne peut pas la financer tout seul. Devinez qui va aider : **le contribuable.**

- Services publics : financement de l'éducation, de la santé, des infrastructures, et des services administratifs, y compris ce que j'appelle les « Fonctionnaires à emploi fictif » . Quelques milliers de postes « administratifs » qui ne servent à rien ou qui font sensiblement la même chose et qui font partie du mille-feuilles de la structure du gouvernement.

- Subventions et aides : aides aux entreprises, subventions agricoles (même si en ce moment le système est plutôt en train de les détruire).

2) Crises économiques et sanitaires :

- Crise financière de 2008 : la crise financière mondiale a nécessité des mesures de relance économique et des soutiens aux banques et aux entreprises augmentant ainsi la dette publique.

- Pandémie de COVID-19 : cette période a été fantastique : il y a eu des dépenses exceptionnelles pour soutenir l'économie notamment les entreprises et les travailleurs avec le chômage partiel, et les aides directes. Les aides directes, quelle merveilleuse réforme. Beaucoup d'entreprises en ont bénéficié en pensant que cela allait être gratuit. Erreur, RIEN n'est gratuit quand l'Etat vous accorde quelque chose. Ceux qui pensent le contraire, je suis désolé vous devez être né dans un autre monde. J'avais averti certaines personnes de ne pas accepter ces « aides gratuites », maintenant, 3 ou 4 ans après la crise elles s'en mordent les doigts ou ont tout simplement mis la clé sous la porte. Comme il est dit dans le trading, il faut arrêter de regarder sur le court terme, « avoir la tête dans le guidon », il faut savoir dézoomer pour capter la tendance de fond sur le moyen/long terme et enfin se poser les bonnes questions. Ici, pourquoi est-ce qu'ils me prêteraient de l'argent gratuitement ? Que gagnent ils en échange ? À partir de simples questions comme celles-ci, on peut commencer à créer un raisonnement et entrevoir plus loin que le bout de son nez.

Si j'ai réussi à prévoir la supercherie avec le niveau en économie que j'avais il y a 4 ans, tout le monde peut le voir. Il faut juste de la réflexion, de la logique, un peu de curiosité et beaucoup de recherche et de travail, mais nous aborderons intimement la psychologie dans une prochaine partie.

3) Déficits budgétaires chroniques :

- Le graphique de la dette des pages précédentes commence aux années 2000, mais en réalité les dépenses publiques ont régulièrement dépassé les recettes fiscales. Que font-ils pour y remédier ? Ils réempruntent. Très bonne idée d'ajouter de la dette à la dette. Je vais également prendre un autre crédit pour rembourser mon premier crédit, pourquoi pas. Vous imaginez le schéma du serpent qui se mord la queue. A quel point cette situation est absurde.

- Il y a assurément des taux d'intérêt sur l'argent qu'emprunte la France (de plus en plus de l'étranger) comme toute banque. Ils ont eu la brillante idée pour une partie des emprunts d'émettre des titres de créances indexés sur l'inflation. Quelle notion miraculeuse !

  Avec cette méthode, l'Etat s'inflige de devoir rembourser à la fin la totalité de l'inflation sur toute la période de l'emprunt. Est-ce que vous voyez les problèmes sous-jacents ? Ils se sabordent eux-mêmes en utilisant cette approche, ils sont eux-mêmes les victimes du système qu'ils n'arrivent plus à gérer.

L'inflation n'est que rarement à des niveaux assez bas, ce qui veut donc dire plus d'intérêt à rembourser sans arrêt, c'est l'effet boule de neige.

4) Démographie :

C'est un sujet souvent peu abordé, mais qui, à mon sens, est très intéressant et peut éclairer de nombreuses causes. Le vieillissement de la population augmente les coûts des pensions et des soins de santé. Oui, nous vivons plus longtemps mais cela a un coût, et cette dépense est évidemment obtenue dans l'argent public. Un fait malheureux mais nécessaire à rappeler : en France, la première dépense de l'Etat est consacrée au financement des retraites. Le système par répartitions est le suivant : les actifs cotisent pour les retraités. C'est assez simple, sauf quand on voit le nombre d'actifs descendre drastiquement. Un système comme celui-ci ne peut mécaniquement pas tenir sur le long terme. Les règles ont changé.

Le graphique[7] ci-dessous représente le nombre d'enfants par femme dans le monde depuis 1960. Nul besoin d'être un analyste expert pour remarquer que nous sommes sur une chute vertigineuse.

---

[7] Source voir page 103 Référence 7.

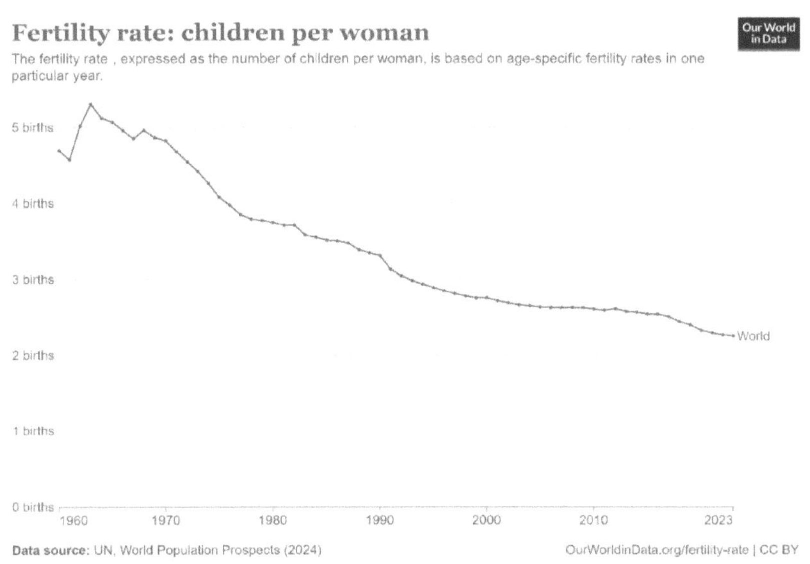

En 2023, le taux de fécondité était d'environ 2,3 enfants par femme (unité sur l'axe des ordonnées), soit au-dessus du seuil clé de deux, selon les organismes internationaux. Néanmoins, c'est l'Afrique qui fait remonter la moyenne avec toujours plus de 4 enfants par femme. En Occident, et surtout en France, le taux est plus proche de 1,8 et risque de continuer à diminuer.

Pensez-vous que ce système pourra perdurer dans le futur, sachant qu'il y a de plus en plus de retraités et de moins en moins de naissances, donc d'actifs ?

J'ai abordé ici quelques points qui sont pour moi les principaux. Je ne vais pas apporter de réponses claires et précises sur les mesures à adopter pour corriger tous ces problèmes, mon but était simplement de vous dévoiler la gravité et les faits concernant cette dette que tout le monde refuse de voir.

Comment le Bitcoin vous sauvera de cet économie

Voici comment je pourrais résumer en amenant les bonnes questions et en essayant de créer une réflexion dans votre esprit :
Est-ce judicieux de faire confiance à une entité qui est massivement endetté et ce de plus en plus ? Ces dizaines d'années de mauvaise gestion nous montrent que la réponse est non. Quel est le but primaire lorsque l'on a des dettes ? Les rembourser. Lorsque vous avez un crédit pour votre maison (crédit = dette), votre souhait le plus cher est d'en finir avec ces mensualités (du moins toute personne ayant un minimum de bon sens).

C'est exactement la même chose avec l'Etat, il n'est pas là pour vous aider, vous faites juste partie de sa matrice.
On demande à des politiques de gérer un budget, or ce n'est pas une entreprise. Ce n'est pas pour rien qu'une des règles très importantes dans la bourse est la suivante : lorsque l'Etat à de grandes parties ou bien pire actionnaire majoritaire d'une entreprise, fuyez la à tout prix. L'Etat ne sait pas gérer une entreprise.

Est-ce que vous laisseriez la réparation de votre voiture à un peintre ? Probablement pas. Ici c'est identique.

Si vous souhaitez en savoir plus sur le déficit de la France, je vous conseille de regarder le documentaire « Trois Mille milliards : les secrets d'un Etat en faillite » sur Youtube réalisé par la chaîne « Contribuables Associés ».

Aux États-Unis, il s'agit foncièrement des mêmes causes même si nous avons quelques différences : étant le pays de la démesure, le montant du déficit ne fait pas exception.

Comme vous le voyez sur le graphique[8] ci-dessous, il est de plus de 33000 milliards de dollars. Pour ceux qui ne sont pas à l'aise avec les grands nombres (je vous conseille de vous y mettre), il s'agit de dix fois la capitalisation totale de Microsoft à l'heure actuelle. Les États-Unis sont donc endettés à hauteur de dix Microsoft, ironique non ?

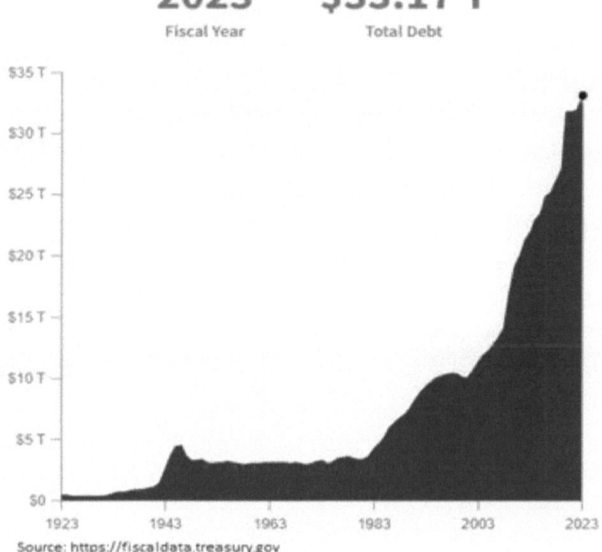

Un point essentiel à examiner est le plafond de ces dettes.Il faut savoir que l'État ne peut pas s'endetter au-delà d'un certain seuil fixé par le Congrès américain. Il s'avère encore une fois d'une mesure « pseudo fictive ».

---

[8] Source voir page 104 Référence 8.

Comment le Bitcoin vous sauvera de cet économie

À chaque fois que les États-Unis arrivent au niveau du plafond et vont entrer en défaut de paiement, ils décident de l'augmenter comme par magie. La dernière date de mai 2023.

Je compte sur vous pour avoir remarqué l'idiotie dans le fait d'avoir un plafond imaginaire. C'est comme si un individu pouvait à la fois être le juge et le jugé : ils créent la monnaie et décident en même temps que celle-ci est infinie. Ils réparent les mauvaises décisions de gouvernements successifs depuis des dizaines d'années en augmentant toujours plus ce plafond qui n'est rien d'autre qu'une farce monumentale.

Le constat est le même que pour la France, à ceci près que l'endettement est 10 fois plus important. Il est difficile de concevoir encore des dizaines d'années dans cet état sans avoir une bulle ou une forme de remise à zéro dans l'économie mondiale.

Vous pouvez être sûr que si cela arrive, vous ne serez certainement pas les premiers à être aidés. Dans ce cas, les mêmes s'en sortiront ainsi que ceux qui auront trouvé des solutions alternatives et non ceux qui suivent le système aveuglément.

Pour éclaircir cette partie sur le contexte économique, voici un résumé des points essentiels à retenir :

- La monnaie est un moyen d'échanger de la valeur en fonction de produits ou de services entre diverses personnes.
- L'argent dans une banque n'est plus le vôtre, il ne vous appartient plus, vous devez rendre des comptes à la moindre opération « importante » sur ce qui est supposément censé vous appartenir.
- L'euro ou le dollar sont imprimables à volonté. N'oubliez pas que ce qui fait la rareté d'une Lamborghini est le fait qu'il en existe une édition limitée.
- L'or est une valeur refuge mais complexe à s'échanger.
- L'inflation est la perte du pouvoir d'achat avec un même montant sur un temps donné. 1 million de dollars il y a 100 ans ne vaut aujourd'hui plus que 40000 dollars.
- Vous serez perdants en pensant laisser votre argent sur des livrets. Ces mêmes livrets restent en dessous de l'inflation mais peu le comprennent, encore une fois on ne vous fera pas de cadeau : par exemple en France, le livret d'épargne populaire (LEP) a eu 3 changements de taux en une année : 6% en 2023 (inflation haute), baisse à 5% au début d'année 2024, et en août 2024 le taux est descendu à 4%.
  En prime, les banques s'en serviront elles-mêmes pour générer des taux supérieurs sur votre dos.

44

- Les États sont de plus en plus insolvables, ils atteignent des sommes irremboursables et sont bloqués dans ce cercle infini. Le plafond de la dette est une notion théorique, pouvant être relevé de manière systématique.

Les pouvoirs en place aiment qualifier le Bitcoin de « monnaie virtuelle » qui ne reposerait sur rien. Mais qu'en est-il de leur recours incessant à l'emprunt perpétuel pour rembourser une dette toujours croissante ? N'est ce pas, en fin de compte, également de l'argent virtuel qu'ils n'ont pas ?

Partie 2 : Le Bitcoin, or numérique ?

Chapitre 1 : Le commencement de Bitcoin

La cryptomonnaie Bitcoin a été créé par une ou un groupe de personnes portant le pseudonyme de Satoshi Nakamoto en 2009. Des rumeurs porteraient le début des recherches à l'année 2007, ce qui correspond à la période de la crise des subprimes. Il y aurait une certaine forme de cohérence avec cette tension financière.

Nous connaissons à ce jour quelques personnes ayant travaillé avec Satoshi Nakamoto pour le développement de ce projet. Quasiment tous ces individus appartiennent à un groupe nommé les « cypherpunks ». Le nom est dérivé des mots « cipher » (chiffrement) et « punk » (un mouvement contre-culturel). Ils militent tous pour l'utilisation de la cryptographie et des technologies similaires comme un moyen de promouvoir la vie privée individuelle et la liberté de l'information sur Internet.

Quelques points clés sur les cypherpunks :

- Le mouvement a émergé à la fin des années 80 et au début des années 90.
- En 1993, Eric Hughes a rédigé le « Manifeste des cypherpunks » un document expliquant l'importance de la vie privée et de la cryptographie pour la protéger. Ils avaient bien compris les risques comme la perte d'anonymat, le contrôle centralisé, et une surveillance de plus en plus présente.
- Les cypherpunks ont contribués de manière significative au développement de nombreuses technologies de cryptographie et de confidentialité comme PGP Pretty Good Privacy (un algorithme de chiffrement), BitTorrent, ou encore Tor (contrairement aux idées reçues, Tor ne sert pas seulement à accéder au « Dark net » mais aussi d'assurer un anonymat).

- Leur philosophie de pensée est le point central du groupe : pour eux la cryptographie peut protéger les libertés individuelles contre la surveillance et le contrôle gouvernemental. Ils soutiennent l'idée que les individus devraient avoir le droit de communiquer de manière privée et sécurisée. Cette idée me paraît logique dans des pays qui se veulent « libéraux » me direz-vous, mais après ce que nous avons vu dans la partie précédente, je vous assure que cela n'est pas normal pour tout le monde.

Ce mouvement a exercé une influence notable sur la création de Bitcoin. Satoshi Nakamoto s'est inspiré des idées et des discussions des cyberpunks pour développer la première cryptomonnaie décentralisée. Vous commencez déjà à apercevoir les idées au cœur de Bitcoin qui sont la confidentialité et la décentralisation.

Parmi ce groupe, plusieurs personnes lui ont prêté main forte en emmenant des compétences variées :

Adam Back : informaticien et cryptographe britannique reconnu pour ses contributions majeures dans le domaine de la cryptographie et des technologies de la blockchain (terme que je définirai un petit peu plus tard). Il crée notamment en 1997 « Hashcash » un système de preuve de travail initialement conçu pour limiter le spam par email. C'est ce principe qui a été adapté comme base pour le mécanisme de preuve de travail utilisées dans Bitcoin (mécanisme que j'expliquerai également lors de son fonctionnement). Il a également cofondé Blockstream en 2014, une entreprise visant à créer et améliorer la blockchain Bitcoin.

Hal Finney : développeur américain reconnu pour ses contributions à la cryptographie et pour son rôle dans le développement et la promotion de Bitcoin. Il a notamment participé au développement de PGP (vu précédemment). C'est une des premières personnes à avoir reconnu le potentiel de Bitcoin.

En janvier 2009, il a reçu la première transaction Bitcoin de la part de Satoshi Nakamoto et de ce fait va être l'un des premiers à exécuter le logiciel Bitcoin et en miner (notion que nous retrouverons dans le fonctionnement). Il est malheureusement décédé en 2014 d'une sclérose latérale amyotrophique. Il a continué à travailler et à contribuer à la communauté Bitcoin jusqu'à ce qu'il soit physiquement incapable de le faire. Il a choisi d'être cryogénisé en gardant l'espoir qu'il pourrait être réanimé avec les avancées médicales.

Nick Szabo : informaticien et cryptographe américain connu pour ces contributions importantes dans le domaine des Smart contracts (*contrats intelligents qui sont des protocoles qui vérifient et appliquent la négociation où l'exécution d'une action de manière autonome : cette technologie est plus en rapport avec d'autres crypto monnaies comme Ethereum que j'aborderai très peu dans ce livre*). Il a notamment créé « Bit Gold » en 1998 que beaucoup considèrent comme un ancêtre direct de Bitcoin en raison de ses similitudes avec les systèmes de preuves de travail et registres distribués.

Len Sassaman : peut-être le moins connu des quatre, car décédé en 2011 à l'âge de 31 ans. Il était néanmoins un acteur clé de la communauté cypherpunk, où il collaborait avec des figures influentes, dont Bram Cohen, le créateur de BitTorrent, avec qui il partageait la vision d'un Internet libre et décentralisé. Également cryptographe, il était un défenseur engagé de la vie privée, il a incontestablement marqué les débuts de l'anonymat en ligne.
À travers ces travaux, Sassaman a contribué à des protocoles de messagerie privée peer-to-peer (P2P) et des technologies de cryptage qui ont façonné les bases de la confidentialité numérique, des valeurs qui s'alignent étroitement avec l'esprit de Bitcoin.

Ils ont tous les quatre contribués de manière significative à la création de Bitcoin, que ce soit par leurs expertises techniques ou par leurs idées. Nous ne savons toujours pas aujourd'hui qui se cache derrière cette idée de génie ni sous le pseudonyme de Satoshi Nakamoto. Peut-être qu'une des quatre personnes au-dessus le connaît, peut-être même que c'est une de ces quatres personnes ? Malgré toutes les suppositions que la communauté peut faire, il est préférable de ne jamais savoir qui il est réellement. C'est à peine croyable quand on réalise qu'une cryptomonnaie créé par quelqu'un d'anonyme a réussi à se hisser parmi le top dix de toutes les sociétés au monde en terme de capitalisation en côtoyant des Facebook, Amazon,etc… Bien évidemment vous ne me croirez pas, mais c'est bien la réalité.

(Données d'après le site https://companiesmarketcap.com/)

Chapitre 2 : Notion de cryptomonnaie et Blockchain

Maintenant que vous connaissez les raisons et les protagonistes à l'origine de la création de Bitcoin, je peux me consacrer à la vulgarisation des termes « cryptomonnaie » et « blockchain ».

Les Cryptomonnaies

Une cryptomonnaie est une forme d'actif numérique ou virtuel qui s'échange principalement sur Internet grâce à des portefeuilles virtuels ou matériels (qui s'apparente à votre compte bancaire en ce qui concerne les monnaies FIAT). Il en existe cependant deux types pour stocker échanger vos cryptomonnaies :

- Portefeuilles Custodial : c'est l'entreprise ou l'organisme correspondant qui détiendra réellement vos actifs. Vous n'en êtes pas réellement le propriétaire. Nous pourrions citer les plus grandes plateformes d'exchange, tel que Binance, Coinbase ou encore Kraken qui fonctionne sous cette méthode. Les principaux avantages d'utiliser ce type de portefeuille sont un nombre important de fonctionnalités sur ces plateformes ainsi qu'une utilisation facilitée pour les novices.
Dans ce cas, pourquoi ne pas laisser toutes nos cryptomonnaies sur ces plateformes me diriez-vous ? A la manière des banques traditionnelles, il peut arriver qu'une de ces entreprises fasse faillite ou soit mal gérées. C'est précisément ce qui est arrivé au mois de novembre 2022 qui a vu la chute du deuxième plus gros exchange de cryptomonnaies à cette date : FTX.

Je vous confirme que la plupart des clients ont eu leurs fonds bloqués car les retraits étaient impossibles. Je n'aborderai pas ici les causes de cette chute car elles sont nombreuses et complexes, mais je vous encourage à chercher les détails de cette histoire. Seulement aujourd'hui 2 ans plus tard, il semblerait qu'FTX puisse rembourser une partie des fonds de leurs clients, mais ce ne sont encore que des spéculations.

- Portefeuilles non-custodial : avec ce type de portefeuille, vous seul détenez vos actifs. Tant que vous avez cette clé privée (suite de 24 mots aléatoire généré à la création d'un portefeuille) qui est unique, vous êtes le seul propriétaire, n'importe quelle faillite ou volonté d'une entité n'aura aucun contrôle sur ce wallet (*terme anglais pour portefeuille très utilisé dans ce milieu*). Comme précisé précédemment il en existe des virtuels, le plus utilisé Metamask, Phantom, ou encore Keplr ou bien des physiques : Ledger, Trezor ou encore Tangem (qui nécessitent une action physique pour valider une transaction). Bien évidemment, si vous perdez votre clé privée (souvent une suite de mots générée à la création du portefeuille) il y a de très grandes chances pour que vos fonds soient perdus à jamais. Je ne peux que vous conseiller d'en faire plusieurs sauvegardes hors ligne. L'utilisation est légèrement plus complexe qu'un portefeuille custodial et les frais de transactions seront sensiblement plus élevés. J'ai moi-même perdu plusieurs milliers d'euros dû à un manque de vigilance. Les transactions sont irréversibles, je ne peux m'en prendre qu'à moi-même. Les erreurs font partie de l'apprentissage, tant que nous ne les répétons pas.

Chacun préfèrera l'une ou l'autre méthode selon le niveau de risque voulu, pour moi le choix est plus qu'évident.
Ce qui est sûr c'est que je ne dépends de personne et aucune entité n'a de droit de regard ou de blocages sur mes transactions Sur des actifs qui m'appartiennent réellement.

La Blockchain

Pour s'échanger ces cryptomonnaies depuis les portefeuilles, nous avons besoin d'une infrastructure : la blockchain. Terme venu de l'anglais qui signifie chaîne de blocs. Les cryptomonnaies qui ont leur propre blockchain sont des *coins* (comme Bitcoin, Ethereum, etc) et les autres sont des *tokens* qui sont créés pour fonctionner sur des blockchains existantes. Pour comprendre cette technologie, il s'agit d'un registre distribué qui enregistre les transactions de manière sécurisée, transparente et immuable. Imaginons un livre sur lequel les transactions seraient inscrites, vérifiées et signées par de nombreuses personnes ce qui rendrait la modification a posteriori impossible. La consultation de ce livre est par ailleurs accessible par tout le monde, rien n'est dissimulé. Il s'agit de la même méthode lors de la signature de contrats : une fois tous les partis en accord, ils signent, et si quelqu'un veut modifier une clause Il faut créer un avenant.
L'enchaînement du fonctionnement est le suivant :

1) La transaction : Paul veut envoyer 1 BTC à William (ou 0,5 BTC ou 0.001 BTC, peu importe), ce qui initie une transaction. Il prend l'adresse publique du portefeuille de William pour la réaliser.

2) La validation : les nœuds du réseau (ordinateurs indépendants) valident la transaction en vérifiant qu'elle respecte les règles du protocole de la blockchain :

Dans l'exemple, il sera contrôlé que Paul n'a pas envoyé son BTC dans une autre transaction en amont, ou bien qu'il possède bien 1 BTC dans son portefeuille.

3) Les blocs : les transactions sont ajoutées dans un bloc par les mineurs.

4) Ajout au registre : le bloc validé est ajouté à la blockchain (dans notre analogie à une page du livre) et la mise à jour est distribuée à tous les nœuds du réseau

Avant de passer à la notion suivante, il est nécessaire que vous compreniez ces deux concepts :

Nœuds : un nœud était un ordinateur contenant la copie de l'intégralité de la blockchain depuis ses débuts. Par exemple, tout Bitcoin est traçable depuis sa création. Rassurez-vous, nous ne pouvons pas savoir à qui appartiennent les portefeuilles, car ils ont des adresses d'une forme de X lettres et chiffres aléatoires « 1H2MXWiSniAgg7ykdXEzPHL6oTH1ic4kP ». Sachant que la validation d'un bloc dépend du bloc précédent, il ne peut y avoir qu'un seul registre exact. Ils mettent à jour par la suite tout nouveau bloc validés (toutes les 10 minutes environ pour Bitcoin), d'où le terme « chaine de blocs ».
Petite anecdote : A l'heure actuelle, la taille de la blockchain Bitcoin complète aujourd'hui est d'environ 550 Go. N'importe qui peut exécuter ce registre, il suffit de télécharger le logiciel « Bitcoin Core ». Il faudra néanmoins attendre au début le téléchargement de toutes les transactions depuis le « genesis block » (tout premier bloc exécuté).

Mineurs : la blockchain Bitcoin fonctionne en POW (Proof of work), traductible par preuve de travail.

Comment le Bitcoin vous sauvera de cet économie

C'est aujourd'hui le moyen le plus sécurisé. Les personnes ou plus généralement des entités appelés mineurs ont pour mission de résoudre des problèmes mathématiques complexe mais très simple à vérifier grâce à des machines principalement composées de GPU.

Quand cette machine a trouvé la solution, il ajoute le bloc au réseau et les autres peuvent très facilement vérifier (Les Sudoku sont par exemple long et difficiles à réaliser mais simple à vérifier). Le mineur reçoit une récompense suite à sa « preuve d'avoir fourni un travail », 3.125 BTC à l'heure actuelle.

Il y a aujourd'hui un débat concernant la consommation électrique de ces machines qui sont vitales au fonctionnement du réseau. Je relèverai seulement quelques réflexions : À combien estimons-nous notre liberté ? Nous devons voir plus loin que le simple « actif numérique », c'est une réelle propriété retrouvée. Vous l'aurez remarqué, je ne parle même pas du prix du Bitcoin, je sais simplement qu'il va être de plus en plus plébiscité dans le futur.
Un prix à payer nécessaire pour une sécurité de cette envergure : personne ne peut dans l'état actuel prendre le contrôle de 51% du réseau pour de mauvaises intentions, car il n'y aurait tout simplement pas assez d'électricité disponible.

Pour les plus sceptiques d'entre vous, les mineurs sont tellement dispersés dans le monde, qu'une coupure électrique de toute l'Asie, toute l'Amérique, toute l'Afrique ou toute l'Europe ne suffirait pas à stopper Bitcoin. Il faudrait une coupure complète de deux, trois ou même quatre continents.

Notion de Trilemme des Blockchains

C'est un concept créé par Vitalik Buterin, le fondateur de l'Ethereum (2ème cryptomonnaie en termes de capitalisation et blockchain la plus utilisée pour la création de token) qui décrit la difficulté de concevoir une blockchain qui soit à la fois décentralisée, sécurisée et scalable. Il s'agit de trouver l'équilibre optimal entre ces trois aspects clés. Nombre d'entreprises réfléchissent encore aujourd'hui comment être les premiers dans un des trois domaines tout en gardant les deux autres.

1) **Décentralisation** : il s'agit du degré d'indépendance du réseau blockchain. Les participants du réseau doivent être capables de fonctionner de manière autonome et sans contrôle central, ce qui assure qu'aucune entité ne peut en prendre le contrôle.

2) **Sécurité** : élément essentiel pour protéger les transactions et les données stockées sur la blockchain. Dans le cas des Bitcoins, elle est assurée par des algorithmes de cryptographie robustes et le mécanisme de « proof of work » vu précédemment.

3) **Scalabilité** : c'est probablement l'évolution la plus recherchée aujourd'hui. Une blockchain scalable permet de gérer un grand nombre d'utilisateurs et de transactions dans un délai court. Bitcoin étant assez lent, beaucoup d'entreprises essayent de jouer sur ce point en créant une blockchain plus rapide. Il est évident qu'il sera nécessaire d'avoir des transactions ayant une grande célérité pour une démocratisation plus large.

Pour illustrer ce concept, nous pourrions faire une analogie avec le triangle du feu. Une combustion a besoin de trois éléments pour avoir lieu :
- Un combustible : tout matériau qui peut brûler
- Un comburant : ici, l'oxygène
- Une source de chaleur : une certaine quantité de chaleur est nécessaire pour démarrer et maintenir la combustion, il peut s'agir d'une surface chaude, un court-circuit électrique, une étincelle, etc…

Ces trois éléments doivent être présents en quantité suffisante pour que le feu se crée et se maintienne.

Si nous coupons l'un des trois, il s'éteint. C'est exactement le même phénomène avec le trilemme des blockchains. Si un des trois aspects vus ci-dessus est moins présent voire inexistant, la blockchain ne pourra pas être stable dans le futur.

Bien que ce ne soit pas le sujet principal de ce livre, il est important de savoir qu'il existe des blockchains qui fonctionnent en Proof of Stake (POS) comme Ethereum (depuis sa mise à jour en septembre 2022) qui ont généralement une plus grande scalabilité, mais controversé quant à leur décentralisation. Dans ce type d'infrastructure, les utilisateurs « bloquent » leurs fonds et sont récompensés en commission. C'est la principale différence avec le POW.

Chapitre 3 : Découverte et approfondissement de Bitcoin

La Révélation

J'ai eu connaissance de Bitcoin pour la première fois en 2014 lorsque j'étais à l'IUT pour mes études informatiques (je détaillerai davantage mon parcours dans la partie suivante, qui sera plus en lien avec le sujet). J'ai rencontré par hasard une pub sur un site mentionnant que l'on pouvait acheter des pizzas pour 1/10 de Bitcoin environ. Sans attendre je me dis : génial je vais pouvoir acheter une pizza pour 0,1 de ce « truc » qu'est le Bitcoin !! Je m'empresse d'aller voir ce fameux site et l'engouement tombe aussi vite. Cette plateforme ressemblait à une page web des années 2000 programmé en HTML et quasiment sans aucun design sur laquelle il était demandé d'entrer ses informations de carte de crédit pour acheter ces illustres Bitcoins. Cette interface web donnait plus l'impression d'une arnaque que d'autre chose.

Une grande différence à comprendre : à cette époque, il n'y avait qu'une ou 2 plateformes pour acheter du Bitcoin, et les seuls endroits où les gens en ont parlé étaient le forum officiel ou dans le cadre de transactions illicites. Il n'y avait pas les dizaines de plateformes renommées d'aujourd'hui ni la même réputation.

Bien évidemment, je ne voulais en aucun cas perdre le peu du reste de ma bourse d'étudiant dans une potentielle arnaque. Sur le moment, je n'ai pas eu une once de curiosité qui m'aurait fait creuser le sujet plus loin et aurait pu changer ma vie. J'aurais très bien pu me poser un tas de questions : Qu'est-ce que Bitcoin ? Comment un magasin de pizza peut-il autoriser un paiement comme celui-ci ? Est-ce que ce Bitcoin est une monnaie ?

Comment le Bitcoin vous sauvera de cet économie

J'ai préféré fermer ce site et retourner passer challenger sur League of Legends ou encore farmer sur World of Warcraft. Faites-vous la promesse en lisant ces lignes d'être un minimum curieux, car cela peut changer votre vie. Si j'avais passé ne serait-ce qu'une après-midi sur le sujet, tout aurait changé. Un fait très important à retenir : **ceux qui possèdent l'information possèdent le pouvoir.**

C'est aux alentours de 2019 que j'entends de nouveau parler de Bitcoin. Je vois notamment son ascension quelques mois après. Imaginez le niveau de frustration et de stupidité auxquelles je faisais face. J'aurais été à un clic et quelques heures de recherches 5 ans auparavant pour un changement total.

Je vais donner une réalité qui va peut-être fâcher beaucoup de monde : oui c'est à cause (ou grâce) au bruit de la spéculation que je suis revenu. Une majorité des personnes viennent pour le côté spéculatif, si elles disent le contraire, elles vous mentent. Pour moi c'était le cas. Cette fois tout a changé : je me suis répété : « Thomas, ne fait pas 2 fois la même erreur, tu passes probablement à côté de la plus grande révolution de la dernière décennie. Un actif gagnant 1400% en cinq ans, il faut que tu creuses dessus, arrête les conneries » Une prise de conscience m'avait envahi.
C'est avec cette décision que j'ai commencé à étudier cette technologie. J'ai passé des heures devant des vidéos, sur des forums, à lire (alors que je détestais cela), et ce encore jusqu'aujourd'hui. L'enseignement est perpétuel, il vous permettra d'être toujours à la page et d'avoir l'information, et rappelez-vous que l'information c'est la clé.

Au fil de mes apprentissages, je mesure la grandeur de cette révolution technologique et du génie dont a fait preuve Satoshi Nakamoto en créant Bitcoin. Je suis de ce fait tombé amoureux de cette innovation.

Chapitre 3 : Découverte et approfondissement de Bitcoin

Vous pouvez faire la comparaison avec les éléments que vous avez du chapitre précédent, même si les autres seront révélés légèrement plus tard dans l'approfondissement de Bitcoin.

Avant tout, investissez votre temps dans l'acquisition de connaissances. Je n'ai pas acheté du Bitcoin dès le début en 2019. Je me suis autoformé. Ce livre est écrit pour vous apporter de solides bases, mais j'ai volontairement omis certains aspects importants autour de la blockchain notamment la profondeur technique ou la finance décentralisée (DEFi) que je n'aborderai pas, mais je vous conseille fortement de les analyser en détail.

Regardez autour de vous, je suis sûr que vous connaissez des tonnes de personnes se reposant sur leurs acquis. Qu'arrive-t-il à ces personnes ? Absolument rien. Une citation d'Albert Einstein qui rythme ma vie depuis des années : « la folie est de faire toujours la même chose et attendre des résultats différents ». Nul besoin de l'expliquer, si ce n'est que je détaillerai la psychologie dans une partie future.

Approfondissement de Bitcoin

Il reste des caractéristiques propres à Bitcoin qui en font potentiellement une valeur refuge pour certains dans le futur. Quasiment chaque cryptomonnaie et/ou blockchain ont ce que l'on appelle « Un Whitepaper » (livre blanc) qui décrit plus ou moins succinctement pourquoi l'équipe réalise-t-elle ce projet, de quelle manière, comment va-t-il fonctionner, et éventuellement des améliorations futures. Il peut s'apparenter à un business plan d'une start-up. Celui de Bitcoin a été publié par Satoshi Nakamoto en octobre 2008 et fait seulement 9 pages.

Contrairement à de nombreux autres livres blancs, ce document, bien que couvrant certains aspects techniques nécessaires, reste accessible à un large public, et je vous encourage vivement à le lire.

Comment le Bitcoin vous sauvera de cet économie

Pour les plus réfractaires, je vais toutefois vous résumer les deux points essentiels :

1) Cette affirmation n'est pas mentionnée explicitement, mais il n'y aura jamais plus de 21 Millions de Bitcoin en circulation. Ce nombre peut se calculer grâce au mécanisme du « halving ». Je disais précédemment que les mineurs reçoivent des Bitcoins en récompense lorsqu'ils résolvent un bloc (preuve de travail). L'idée de Satoshi Nakamoto est d'avoir instauré un « halving » : tous les 210000 blocs (tous les 4 ans environ), la récompense gagnée par les mineurs est divisée par deux. Ainsi les nouveaux Bitcoins créer sont

    de plus en plus réduits, ce qui engendre une certaine rareté. Au commencement, il était question de 50 Bitcoins de récompense entre 2008 et 2012. Si nous divisons par deux ce nombre à chaque halving, nous obtenons une limite qui tend vers 21 millions en 2140. C'est écrit dans le code de Bitcoin et ne peut être changé.

2) Souvenez-vous des règles économiques, tout n'est qu'offre et demande. Inutile de comparer avec les monnaies fiduciaires que les banques centrales peuvent imprimer et créer comme elles le souhaitent. Avec ces informations, je laisserai libre cours à votre réflexion avec une seule question : Que se passe-t-il lorsqu'un actif est de moins en moins créé (ou nombre fixe) alors que le nombre de personnes voulant en acquérir ne fait qu'augmenter ? N'oubliez pas les Lamborghini.

Le projet Bitcoin étant open-source, n'importe qui peut participer au développement de son code.

Néanmoins, il n'est pas possible pour un développeur inconnu de modifier le code de Bitcoin sans que les développeurs originels aient validé la proposition.
Ensuite ils soumettent cette volonté de modification / mise à jour au réseau, et plus de la moitié des mineurs doivent l'accepter.

Chapitre 4 : Les institutions et le Bitcoin

Le Bitcoin est une grande histoire d'hypocrisie avec les institutions. Aussi bien les États-Unis que certains organismes ou encore pire : L'Europe.

De l'interdiction à la régulation à l'acceptation

Au fil des années, il était évident de constater chaque semaine des nouvelles concernant tel ou tel pays interdisant le Bitcoin, les cryptomonnaies en général ou encore les fermes de minage comme en Chine par exemple en mai 2021 considérées comme « trop polluantes ». Les personnes ou entreprises concernées se sont délocalisés. Interdire est une mesure fantôme. Si un endroit bannit quelque chose, les gens iront simplement ailleurs.

Aux alentours de 2020 / 2021, on voit apparaître le terme « régulation » à la place d'interdiction. Les États, les banques et autres sont conscients qu'il ne sera quasiment plus possible d'éviter Bitcoin. Ils tournent tous leurs vestes dès lors qu'il y a du profit à faire. C'est assez amusant de voir la réticence des banques qui peuvent aller jusqu'à bloquer vos comptes alors qu'elles ont eux-mêmes une filiale servant des produits d'instruments financiers sur la blockchain (comme Société Générale Forge par exemple). À quel point est-ce absurde ?
La raison qui se cache derrière est très simple : Ils ne peuvent pas avoir le contrôle ni sur Bitcoin ni sur les actifs du peuple, ce qui les dérange à un niveau inimaginable. La Banque centrale européenne est particulièrement douée dans ce domaine. Sa présidente Christine Lagarde fait constamment la condamnation de Bitcoin et des cryptomonnaies (très probablement pour les mêmes raisons).

Il n'est pas étonnant d'haïr cette technologie quand le fils de Christine Lagarde lui-même a perdu pratiquement 60% de son investissement dans les cryptomonnaies. Il est évident qu'il faut blâmer la technologie !! Si demain je décide de faire une course de rallye et je me prends un arbre tout seul, il y a 80% de chance que ce soit ma faute. Bien qu'il puisse y avoir un problème mécanique, je ne vais pas blâmer la voiture, restons sérieux deux minutes. Après tout, les élus servent leurs propres intérêts.

De l'autre côté de l'Atlantique, aux États-Unis on retrouve quasiment les mêmes opinions. Gary Gensler, président de la Security Exchange Commission (SEC, l'organisme qui régule un certain type d'actifs financiers) passe ses journées à critiquer et à rejeter toutes les avancées sur les cryptomonnaies sans réelles explications, fondements, ou même compréhension de sa part.

Le discours de la Banque centrale ayant évolué au fil des dernières années, ils ont maintenant pour projet de sortir une monnaie nationale de banque centrale (MNBC) qui s'appellerait euro numérique.

Je dois faire un petit aparté sur le sujet des stablecoins pour que vous compreniez les MNBC. Un stablecoin est une cryptomonnaie qui est adossé à une monnaie fiduciaire dans le monde réel. Les plus connus sont l'USDT de l'entreprise Tether ou encore l'USDC de l'entreprise Circle aux États-Unis qui sont adossé sur le dollar.

Pour chacun de ces USDT émit sur la blockchain, Tether dispose de l'équivalent en dollars que ce soit dans un coffre-fort physique, une banque ou même une réserve en bon du Trésor. Cela permet de s'affranchir de la volatilité des autres cryptomonnaies. De ce fait, la valeur d'1 USDT vaudra (quasiment) toujours 1$.

Comment le Bitcoin vous sauvera de cet économie

En 2021, la BCE a lancé ce programme de création de cet euro numérique prévu théoriquement pour 2026 ou 2027. Ils ne veulent en aucun cas rater l'opportunité de participer à cette nouvelle technologie qu'est la blockchain, peur de « rater le train » comme l'on pourrait dire. Le problème majeur sera encore et toujours le conflit d'intérêts. Ils auront bien évidemment les avantages de la blockchain, comme la rapidité, la sécurité, disponible 24/24 7j/7, mais sera-t-elle décentralisée ? Ce sera exactement les mêmes défis qu'avec l'euro. Souvenez-vous des 3 principes d'une blockchain : si cet euro numérique est contrôlé par une entité (ici une banque, encore plus dramatique) ils peuvent écrire ce que bon leur semble dans le code. Que se passe-t-il s'ils décident de changer les règles du jour au lendemain ? Cet euro numérique ne sera certainement pas anonyme.

Notez la différence entre anonyme et pseudonyme : la blockchain Bitcoin est pseudonyme : nous pouvons tracer les transferts d'un portefeuille « 1H2MXWiSniAgg7ykdXEzPHL6oTH1ic4kP » mais en aucun cas il est possible de savoir à qui appartient ce portefeuille. On sait malgré tout avec une bonne certitude à qui appartiennent les portefeuilles qui contiennent le plus de BTC (Satoshi, etc), mais il est impossible de faire le lien pour une personne lambda (sauf si elle le souhaite).

Que se passe-t-il s'ils décident de limiter les virements à 10000€ ? Si vous envoyez 10001€, ils pourraient vous geler votre compte si c'est écrit dans le code et vous n'aurez aucun mot à dire. Une de leurs raisons pour créer cette supervision autour de cette blockchain de l'euro numérique est de « contrôler le blanchiment d'argent et la lutte contre le terrorisme ». Quelle belle expression, répétée à la lettre par les médias !! Ces préjugés et cette propagande sont diffusés largement depuis les débuts de Bitcoin. En 2024, les transactions illicites sur Bitcoin représente un très faible pourcentage.

Chapitre 4 : Les institutions et le Bitcoin

Il existe d'autres cryptomonnaies étant bien plus anonymes que Bitcoin dont je ne ferai pas la promotion dans ce livre. Je le répète : Bitcoin n'est pas censurable ni contrôlable.

Lors du début de l'attaque de la Russie contre l'Ukraine, de nombreux russes ont fui dans d'autres pays car ils n'avaient aucun rapport avec cette guerre. Leurs comptes bancaires se sont retrouvés gelés. Ils étaient donc bloqués dans différents pays. Heureusement que certains ont pu subvenir à leurs premiers besoins en cryptomonnaie. Ils n'étaient pas en situation de découvert ou quoi que ce soit, le gouvernement a simplement décidé de tout entraver.
Les citoyens veulent simplement retrouver le droit à la propriété et à la liberté. Le Bitcoin se moque de savoir où vous êtes dans le monde, il se moque de connaître votre couleur de peau, il se moque de savoir si vous avez obtenu un master en finance ou je ne sais dans quel domaine. Il y a encore beaucoup d'individus dans certains pays qui n'ont pas accès à un compte bancaire. Il suffit d'une connexion Internet et vous pouvez interagir avec un individu à l'autre bout de la planète. Je peux très bien envoyer 1 BTC qu'il soit égal à 30000\$, 60000\$ ou même 100000\$ (pour quelques dizaines de centimes ou quelques dollars de frais), sans avoir besoin d'intermédiaires. C'est à ce moment précis où les banques réalisent qu'elles ne sont plus d'aucune utilité.

Il s'ensuit une forme d'hypocrisie ou de nombreuses institutions prétendent annoncer la fin du Bitcoin pour mieux en acheter en secret, ou encore promulgue une interdiction qui, par hasard, est levée quelques mois plus tard. Les organismes ont très bien compris qu'il fallait l'accepter ou passer à côté de cette innovation. L'exemple le plus frappant vient du directeur de la banque JP Morgan : il annonce plusieurs fois par an l'effondrement du Bitcoin, des cryptomonnaies alors qu'ils sont les premiers à se jeter dessus. Encore une fois il s'agit simplement d'une ruse pour qu'un minimum de particuliers y aient accès.

Comment le Bitcoin vous sauvera de cet économie

En septembre 2021, le Salvador est le premier pays au monde à adopter le Bitcoin comme monnaie légale pour offrir une alternative au dollar américain et encourager l'adoption de la technologie blockchain dans l'économie nationale.
Son président Nayib Bukele a décidé d'acheter un Bitcoin par jour à partir du 17 novembre 2022 peu importe le prix. Ce message a eu l'effet d'une bombe venant d'un des pays les plus pauvres du monde. Il ne serait pas surprenant de voir leur situation évoluer drastiquement dans les années à venir.

Petite anecdote : En début juin 2024, Nayib Bukele a été réélu pour un 2nd mandat avec près de 86% des voix. Si vous souhaitez en savoir plus sur sa façon de penser et les décisions qu'il a prises, je vous recommande vivement de regarder son interview réalisée par Tucker Carlson, disponible sur Youtube.

Un bon nombre d'organismes acceptent les cryptomonnaies (souvent BTC et les plus gros stablecoins USDT, USDC) comme moyen de paiement sans besoin systématique que le pays l'ait comme monnaie légale. Il est déconcertant de voir avec quelle facilité il est possible d'acheter une voiture à des dizaines de milliers de dollars sans avoir besoin d'attendre une validation de la banque, d'attendre le virement, d'attendre un potentiel refus, ou même d'attendre l'obtention d'un crédit. L'administration est lente, beaucoup trop lente.

Autre exemple d'un organisme l'ayant adopté : l'entreprise Microstrategy. À l'origine, son domaine de spécialisation est le développement de logiciels informatiques décisionnels et de solutions de gestion de données. Assez rapidement, son directeur Michael Saylor voit le potentiel de Bitcoin et en achète pour la première fois en 2020.

Il n'a jamais cessé jusqu'en 2024 et a déclaré qu'il n'arrêtera jamais d'en acheter. Ils sont aujourd'hui l'une des plus grosses entités à détenir du Bitcoin.

Inutile de préciser leur profit même s'il s'élève à des centaines de millions de dollars, c'est avant tout la liberté et l'anti contrôle que nous cherchons.

Certaines institutions sont claires quant à leur ligne de conduite mais d'autres préfèrent mentir à la masse pour qu'elle ne découvre pas cette avancée et utilise aveuglément les MNBC.

L'adoption

Une des plus grandes preuves du changement de la mentalité des institutions vers l'adoption a eu lieu en début d'année 2024. L'acceptation d'un ETF Bitcoin. Un ETF (Exchange Traded Fund) est un fonds d'investissement qui est négocié en bourse comme une action ordinaire. Il regroupe un panier d'actifs tel que des actions, des obligations, des matières premières d'autres actifs et vise à reproduire les performances d'un indice spécifique comme le SP500 (les 500 plus grosses sociétés des Etats-Unis par exemple). Ceux qui choisissent les ETF n'ont pas à gérer les actifs, c'est l'organisme qui les vend qui s'en occupe. Certains particuliers n'auraient peut-être pas envie ou pas les compétences de gérer eux-mêmes leurs portefeuilles avec les risques que cela comprend.

Les entités proposant les ETF étant extrêmement régulées, il s'agit d'un aveu majeur quant à la démocratisation du Bitcoin envers la population. En acceptant un ETF Bitcoin, les États-Unis l'élève au même niveau que tout autre actif financier, alors que nous ne connaissons toujours pas son créateur, c'est ce qui est fascinant.

Comment le Bitcoin vous sauvera de cet économie

Il est important de noter que l'ETF Bitcoin de Blackrock (plus grande société de fonds d'investissement au monde) a franchi la barre des 10 milliards de dollars d'actif sous gestion en un peu plus de 39 jours.

En comparaison, ce même nombre a été franchi par un ETF adossé sur l'or seulement 2 ans après. Oui, je parle bien de l'or, ce métal précieux qui est la première valeur refuge mondiale.

Cette acceptation est une porte ouverte pour la légalité. Avant cette date, beaucoup d'entreprises ou de particuliers souhaitaient acquérir du Bitcoin, mais peu s'y sont risqués. Le gouvernement américain à lancer un « feu vert » géant avec un panneau « le Bitcoin est régulé et réel, vous pouvez en acheter ». C'est une décision historique de la part du gouvernement américain et un signe très puissant pour le futur de Bitcoin. Quand une entreprise de l'envergure de Blackrock souligne l'importance de Bitcoin et la volonté d'avoir un ETF adossé à celui-ci, l'État pouvait difficilement repousser l'échéance à son grand regret. Même avec ce top départ lancé de la part de Blackrock, plus de 55% des Bitcoins sont détenus par des particuliers.

Depuis plusieurs mois, nous voyons un grand nombre de banques majeures changer d'avis et proposer un ETF Bitcoin à leurs clients

Il faut également remarquer la diminution extrême de la liquidité dans les ETF or au profit des ETF Bitcoin. Les particuliers et les professionnels verront ils les avantages du Bitcoin par rapport à l'or de manière drastique ? Serait-il sur la voie de devenir cette fameuse « valeur refuge » que beaucoup cherchent tant ? Sur des dizaines d'années et du long terme, c'est fort probable. Sur le court terme, il reste encore très volatile et qualifié de « légèrement risqué » par un grand nombre d'investisseurs.

À titre d'exemple lorsque l'Iran a attaqué Israël le 13 avril 2024, le Bitcoin a chuté d'environ 9% avant de se restabiliser. L'or à quant à lui augmenté d'environ 2,5%.

Chapitre 4 : Les institutions et le Bitcoin

Comme souvent, beaucoup de particuliers ont paniqué et ont immédiatement cru à une troisième guerre mondiale. Ils ont procédé pour certains sans le savoir à ce que j'appelle « la roue des liquidités ». Les liquidités sont en perpétuel mouvement. Les professionnels recherchent en permanence les meilleures opportunités et les rendements les plus avantageux pour chaque actif selon la période.

La roue des liquidités

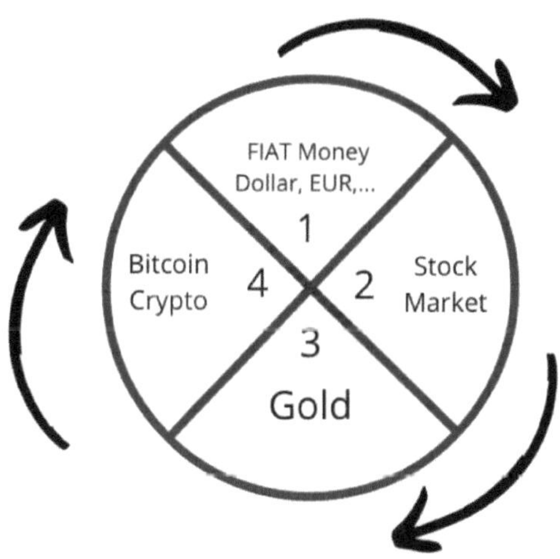

Le fonctionnement de cette roue est le suivant : plus nous avançons dans les parties de ce camembert, plus le risque de retour sur investissement est grand. Certaines personnes inverseraient les actions de la partie 2 et l'or de la partie 3, mais peu importe cela ne change pas la finalité. Quand l'économie se porte bien, quand le peuple est confiant dans ses moyens, ils s'aventurent au plus loin de la roue (la partie 4 qui contient les actifs les plus risqués et volatiles).

Comment le Bitcoin vous sauvera de cet économie

Lorsqu'il y a des vents de panique (comme l'attaque d'Israel), une mauvaise rumeur, un événement majeur, ou bien tout ce qui peut altérer la psychologie humaine, la roue les ramènera forcément vers les parties 2 et 3 voir la partie 1 pour les plus effrayés d'entre-eux. Leur but premier est d'éviter cette volatilité extrême afin de limiter les pertes sur des actifs qui ne sont « pas surs ».

Bien qu'en ayant lu le début de ce livre, vous savez maintenant pourquoi je ne considérerais pas le dollar de la partie 1 du camembert comme « valeur refuge », en tout cas sur le long terme.
Ce système fonctionne aussi bien pour les particuliers que pour les professionnels. Il s'agit simplement de choisir son niveau de risque, même s'ils font circuler leurs capitaux de la même manière.

Un simple regard sur la comparaison entre l'adoption d'Internet dans les années 1990 et celle du Bitcoin à partir de 2015 permet de se rendre compte du potentiel de cette technologie.
Une étude[9] de 2023 menée par Crypto Com Research (filière de recherche et d'analyse de la plateforme Crypto.com) montre cette comparaison en millions d'utilisateurs.

Le graphique ci-dessous illustre le nombre d'utilisateurs totaux de Bitcoin (de 2014 à 2023) et d'Internet (de 1990 à 2005).

---

[9] Source voir page 104 Référence 9.

Chapitre 4 : Les institutions et le Bitcoin

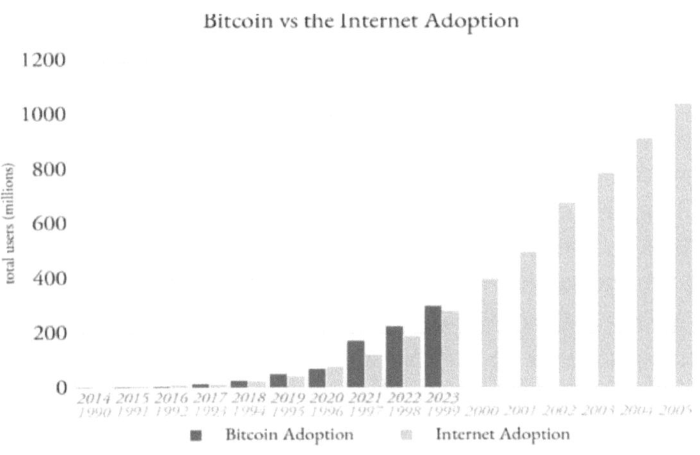

On remarque très rapidement que le schéma de croissance des utilisateurs du Bitcoin suit un modèle similaire à celui d'Internet. La comparaison montre que l'adoption du Bitcoin connaît une accélération rapide et pourrait potentiellement suivre ou dépasser le rythme de croissance de l'adoption d'Internet. Vous connaissez l'importance et le besoin vital d'Internet aujourd'hui, imaginez ce qui peut se passer si une technologie est encore plus utilisé.
Cette analyse de Crypto.com suggère que, comme Internet avant lui, Bitcoin est en train de devenir une technologie de plus en plus intégrée dans la société. La rapidité de son adoption indique un potentiel similaire pour une utilisation globale massive.

La seule réflexion que vous devez vous poser est la suivante : allez-vous laisser passer l'opportunité de la plus grande révolution des dernières décennies simplement parce que vous écoutez les médias qui répètent depuis des années que le Bitcoin est une arnaque, qu'il a perdu 30 pour-cent hier, ou qu'il pollue trop ? Ou bien ai-je réussi à vous faire voir que nous sommes au bout du tunnel et que le Bitcoin pourrait être la future alternative viable ?

Comment le Bitcoin vous sauvera de cet économie

Je suis déjà dans ce train depuis quelques années, et ce voyage est magnifique.

C'est une première dans le monde de pouvoir emmener la science dans l'économie : une monnaie échangeable à travers le monde sur Internet rendu possible grâce au principe de chiffrement. Incontrôlable, non censurable, réelle notion de propriétés, et flexibilité tels sont les promesses de Bitcoin. C'est une très nette révolution, une réponse à de nombreux problèmes. Beaucoup de politiques sous-estiment l'importance de l'économie dans le bien-être d'un pays. J'ai dû réapprendre l'économie et la technologie car c'est un monde nouveau, mais n'oubliez pas que ceux qui détiennent les connaissances ont une longueur d'avance sur les autres.

Je vous ai présenté jusqu'ici de solides bases pour comprendre l'économie et Bitcoin mieux que 70% de la population. J'omets volontairement les aspects techniques plus profonds ainsi que les autres cryptomonnaies qui ne sont pas le sujet principal de ce livre.

Je préfère me concentrer sur un aspect souvent sous-estimé : la psychologie et l'état d'esprit. Pour ceux qui hésitent ou que je n'ai pas encore réussi à convaincre de prendre ce train, cette prochaine partie est essentielle.

Partie 3 : Psychologie et Mentalité

Chapitre 1 : Le parcours

Comme je le mentionnais dans la partie précédente, le Bitcoin se fiche de savoir d'où vous venez. De quel milieu venez-vous ? Avez-vous de riches parents ce qui fait de vous un riche héritier ? Pour certains cela peut être le cas. Il est évident qu'il est bien plus facile de réussir lorsque l'on est le fils de Bernard Arnault. Ce qui est merveilleux avec Bitcoin, c'est qu'il redistribue complètement les cartes. Chaque période contient ce que j'appelle « son innovation clé » permettant au plus courageux et disciplinés de voir et saisir ces opportunités. L'expression « les premiers arrivés sont les premiers servis » est souvent très juste.

Au début de la montée d'Internet dans les années 1990, n'importe quelle personne sachant créer des sites a très certainement pu faire des centaines de milliers d'euros. L'accessibilité à la documentation que nous avons aujourd'hui n'était en revanche pas aussi simple. Cependant, en étant curieux, en cherchant et en étant déterminé, c'était tout à fait accessible. Personnellement, j'en ai eu assez de laisser les clés de ma vie, de mes finances et de ma liberté à des personnes que je ne connaissais pas.

Les mensonges

Je dispose d'un parcours tout à fait normal. Issu d'une famille modeste, rien ne laissait présager d'une réussite toute tracée. J'ai toujours eu l'esprit tourné vers les sciences, les nouvelles technologies, et plus récemment l'intelligence artificielle. Tous les domaines qui peuvent être prouvés et qui sont logiques de nature.

Chapitre 1 : Le parcours

Mes études étaient liées à ces composantes, l'informatique. Après avoir obtenu mon diplôme, je pensais qu'il suffisait de trouver un métier et d'y rester toute sa vie, facile.

1ère désillusion : Les diplômes ne servent à rien et sont plutôt le début de l'apprentissage perpétuel dans toute notre vie. Surtout dans le domaine de l'informatique, la technologie évolue très rapidement, il faut constamment rester à la page, faire une « veille ».
J'en viens aux faits sur l'école : dans l'état actuel de l'éducation, elle est à mon sens tout aussi inutile que l'obtention d'un diplôme. On ne vous apprendra rien sur les sujets fondamentaux de la vie. C'est un sujet problématique, mais comme souvent prenez du recul et prenez conscience de ces analyses : l'école vous apprend-t-elle comment créer une entreprise de A à Z ? Non, même dans les filières les plus proches (économique et social), on aborde à peine les structures d'entreprises, mais guère plus.

L'école vous apprend elle à gérer un budget et/ou un portefeuille ? Certains me diront que ce sont le rôle des parents, mais la plus grande partie ne savent pas non plus comment les gérer. La réponse est encore non. L'éducation est un ministère, et le ministère fait partie de l'Etat. Encore une fois, c'est à leur avantage de faire de vous « un bon soldat », quelqu'un qui restera dans la moyenne et qui participera au fonctionnement de ce système.

Dans certaines écoles, nous commençons à voir apparaître des cours liés à la cryptomonnaie. La première notion que les professeurs (que j'appelle les messagers du ministère) leurs apprennent concerne les monnaies numériques de Banque centrale (MNBC) comme nous avons vu précédemment dans ce livre. Étonnant n'est-ce pas ? Est-ce encore une manipulation ?

Comment le Bitcoin vous sauvera de cet économie

Je ne cherche pas à critiquer l'école ou l'éducation en général, car il y a des aspects sociaux, des rencontres et des matières qui restent très importantes, même si pour moi le principal n'y est pas enseigné.
Est-ce que l'école vous apprend à parler ou présenter des projets devant beaucoup de monde ? À mon grand regret la réponse est encore non. Ce n'est le cas que dans certaines filières axées sur la communication, mais pas dans les autres, alors que cela reste une compétence essentielle à mes yeux.
Je pourrais énumérer une liste complète d'aptitude que l'école ne vous enseigne pas, mais qui sont cruciales dans la vie.

Petite anecdote : tous les plus grands milliardaires de ce monde ont très vite compris que l'école ne leur apporterait pas ce qu'ils cherchaient. Bill Gates a abandonné Harvard après 2 ans pour cofonder Microsoft avec Paul Allen. Harvard ! Cette prestigieuse école rêvée de tous les lycéens américains et coutant extrêmement cher.
C'est un exemple, je n'incite personne à quitter des études ou autre sans projet sérieux en parallèle. C'est simplement pour illustrer la règle numéro un.

Règle numéro 1 : Vous devez sortir de la matrice. Aussi surprenant que cela puisse paraître, et aussi fou que l'on puisse vous prendre, si vous voulez obtenir des résultats différents de la majorité vous devez faire des choix différents.

2ème désillusion : j'ai commencé par travailler dans le secteur public (un autre ministère) avec tous les avantages que cela comprenait : un nombre incalculable de vacances, la fameuse sécurité de l'emploi (il fallait commettre une faute très grave pour être viré), etc…

Les mauvais côtés arrivent forcément : étant surqualifié pour le poste que j'occupais, je me disais que mon salaire allait très vite augmenter. Comment je pouvais croire à cela ? J'étais naïf. Dans les ministères il existe des grilles de salaire selon les postes/grades. Peu importe si vous effectuez mieux votre travail et que vous êtes plus impliqué qu'un collègue ayant le même poste (ce qui était mon cas), vous serez payé pareil. Vous serez juste des numéros. N'est-ce pas ironique ? Les ministères sont censés être les premiers à véhiculer et défendre le message de l'État, mais ils nous considèrent simplement comme des numéros égaux.

J'ai par la suite quitté ce travail en partie à cause de cette raison. Beaucoup dans mon entourage n'ont pas compris ce choix. Pour eux, c'était un travail rêvé, pas trop d'efforts avec une grande sécurité de l'emploi.

Le message sous-jacent derrière cette anecdote est que personne ne peut mieux savoir que vous même ce qui est bon pour vous. Beaucoup trop de personnes voient le fait de quitter comme un échec.

Règle numéro 2 : le fait de savoir quitter lorsque vous n'êtes plus en adéquation avec la personne ou tout autre domaine comme un emploi est un atout, non un échec.

3ème désillusion : j'ai par la suite trouvé un poste dans une entreprise privée, mieux payé cela va de soi. Après quelques mois, j'ai été désenchanté à propos de divers paramètres : aux yeux de l'Etat, j'étais considéré comme riche alors que mon salaire était dans la moyenne. Il arrive forcément un moment où vous remettez tout en question : pourquoi devrais-je travailler pour l'Etat un tiers de l'année ? La première réaction chez 80% des gens sera de me répondre : pour la santé bien sûr !! Eh bien non. Le système de santé français fonctionne comme des assurances.

Comment le Bitcoin vous sauvera de cet économie

Tant que vous n'avez pas de problèmes (ce qui était mon cas), vous payez pour les autres (mensuellement pour les assurances et via les prélèvements globaux pour la sécurité sociale).

Lors de mes années dans le secteur public, je n'avais pas de mutuelle complémentaire. Certains vont me prendre pour un fou, mais croyez-moi lorsque j'ai fait les calculs, il était même plus rentable de me payer une opération (si un éventuel problème arrivait) que des années de paiement mensuel de mutuelle. Surtout lorsque même en l'ayant (obligatoire dans le privé), tout n'est pas remboursé à 100%, et beaucoup de gens l'oublient. Le système est créé pour vous faire croire que tout est à votre avantage, mais regardez plus loin que dix mètres devant vous, cherchez, essayez de comprendre.

A titre d'exemple, il est possible de trouver dans certains pays des assurances maladies qui vous couteront toujours moins cher que tous les prélèvements sur votre salaire en France, et ce sans avoir à attendre 6 mois pour un rendez-vous avec un spécialiste. Là encore, plusieurs me diront qu'il est impensable de jouer avec la santé. Le raisonnement est à prendre dans l'autre sens : prenez soin de votre corps et de votre santé et vous réduirez drastiquement les frais médicaux.

Bien évidemment, il existe des exceptions comme à toute règle. Vous devez être en mesure de pallier cet imprévu. Des millions de citoyens sont prêt à garder beaucoup d'argent sur un livret A « au cas où il arrive un imprévu », mais ils ne veulent pas l'utiliser pour la santé parce que le système leur a ancré dans la tête que ça devait être gratuit. Alors que la santé est primordiale, quelle ironie !

Plus vous travaillez, plus vous devenez bon (ou gravissez les échelons), et plus vous en donner à l'Etat, n'est-ce pas merveilleux ? Si vous obtenez un meilleur salaire, une promotion, c'est grâce à vous-même, vous avez fait les efforts pour et votre patron l'a vu. Les institutions n'ont rien à voir dans ce processus, et pourtant ils se servent en premier.

Chapitre 1 : Le parcours

Beaucoup de livres sur la finance ou même des « influenceurs » dans ce domaine vous diront « payez-vous en premier pour économiser ». La réalité est que vous serez toujours deuxième, le système aura déjà pris sa part avant vous.

Si vous voulez reprendre le contrôle, il faut trouver d'autres alternatives et arrêtez de jouer avec leur jeu de cartes truqué.

Environ 60% de la population ne regarde même pas leurs fiches de salaire, et dans ces 40% restants environ 50% ne comprennent pas les lignes qui y sont écrites.

Je vais vous faire une confidence : c'est totalement fait exprès. C'est une règle de leur jeu de cartes : rendre le système incompréhensible avec des mots complexes et des dizaines de lignes. Le but est de décourager la personne. Pour comprendre cette notion, vous devriez soit faire quelques heures de recherche soit demander à votre comptable (ce que la plupart des individus ne font pas). La partie est terminée, le système a gagné, première sélection.

Le deuxième point dont je me suis rendu compte est encore plus important. Je manquais de temps. Je l'ai réellement compris durant cette période. À quoi bon avoir de l'argent sans disposer de temps. Je parle assurément de temps libre. Une partie s'est débloquée dans ma tête : pourquoi doit-on suivre ces codes régis par la société ? Pourquoi devrais-je attendre la fameuse « retraite » (qui est d'ailleurs assurée par ce même système) pour avoir du temps libre ? Je suis en bonne santé maintenant à l'instant T, mais je ne sais pas dans quel état nous serons quand nous aurons la soixantaine. Mesdames Messieurs, oui vous pouvez travailler 39 ans, être à un an de la retraite tant attendue, mais hélas un événement peut arriver et vous ne l'atteindrez jamais.

Votre futur sera déterminé par tous les choix que vous prenez maintenant. C'est à la fin de mon changement entre le public et le privé que j'ai commencé à faire ces choix.

Comment le Bitcoin vous sauvera de cet économie

En plus de mon CDI de 35 h, j'avais un « deuxième travail » pour moi et qui avait pour but de me rendre libre. C'était équivalent à des semaines de plus de 50 h. J'avais choisi de ne plus aller en soirée, j'avais choisi de travailler le week-end, j'avais choisi cette vie-là. Si vous restez à profiter de votre temps libre en ne construisant rien à côté, vous passerez votre vie à attendre les week-ends et les vacances.

Pendant toutes ces heures, j'ai été à l'affût de toutes les opportunités possibles, me suis formé sur Bitcoin et la blockchain, lu des livres, ai écrit ce livre, et continue d'apprendre aujourd'hui. Pour les plus sceptiques, j'ai créé un simple graphique qui vous permettra de mieux visualiser la comparaison entre une personne qui travaille 40 ans à 35 h par semaine et une autre qui travaille 50 h par semaine pendant 10 ans (ce qui laisse largement le temps de trouver des opportunités ou de créer quelque chose)

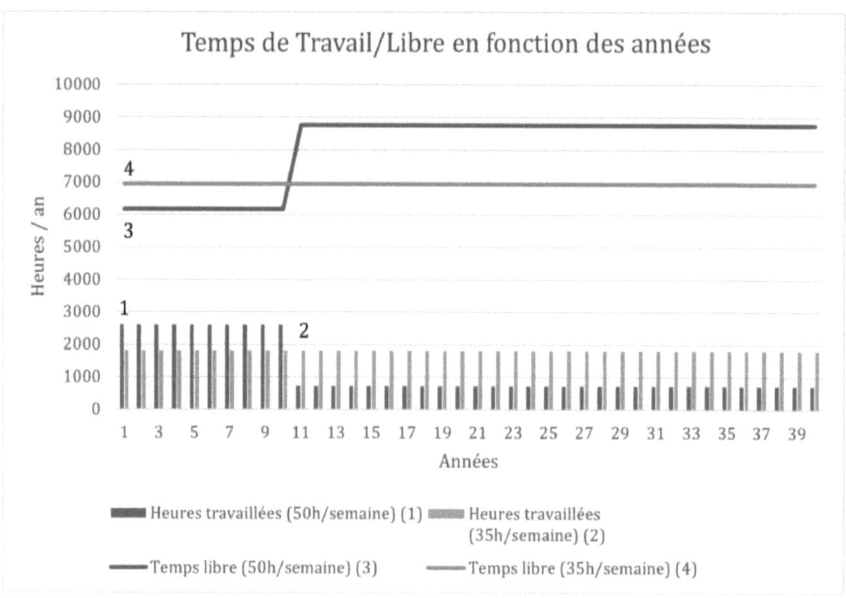

Chapitre 1 : Le parcours

Les annotations 1,2 ,3 et 4 sont notées pour vous repérer plus facilement

Vous remarquerez d'un coup d'œil que la personne qui a choisie de travailler 50h par semaine va effectivement travailler plus pendant les dix premières années (comme j'ai précisé c'est normalement bien assez pour créer quelque chose), mais après cette durée, la tendance s'inverse drastiquement.

C'est encore un simple choix : préférez-vous travailler plus longtemps le plus tôt possible, ou travailler pendant 40 ans et disposer de moins de temps libre ?

Les nombres ne sont pas marqués sur le graphique mais dans mon tableau de données : sur 40 ans, la personne dispose d'environ 277000 heures de temps libre. La plupart des personnes ne voudrons même pas dédier une centaine ou même une cinquantaine d'heures à comprendre et approfondir la technologie blockchain et Bitcoin ou tout autre sujet qui serait susceptible de créer des opportunités par exemple. Non, on ne devient pas expert dans un domaine en regardant une vidéo de 20 min sur le sujet.
C'est encore un aspect psychologique de l'humain qui est d'une grande Ironie.

La révélation

A la suite de ces prises de conscience, j'ai réalisé que ce n'était pas ce que je voulais au plus profond de moi-même. Peu importe le nombre d'augmentations que vous aurez, peu importe le niveau de sympathie de votre patron, il vous manquera toujours du temps. Et ironiquement, nous n'avons pas le temps d'attendre.

Comment le Bitcoin vous sauvera de cet économie

J'ai effectivement choisi de basculer vers la méthode du 50 h par semaine et de quitter cet emploi après environ 2 ans. Une fois de plus, toutes les personnes proches de moi n'ont pas compris ces décisions. Je refusais également des offres qui pouvait payer jusqu'à 4000€ par mois en Suisse.

Je n'avais pas le profil type de la réussite, c'est pour cela que je me le suis construit. Ne vous attendez pas à ce que des gens qui ont travaillé toute leur vie en salariat en gardant tout leur argent en banque ou en livret pour les rouages du système comprennent qu'il existe d'autres manières de « réussir ».

La plupart attendent désespérément la retraite et subissent durant les plus belles années de leur vie. Ne chercher pas la validation d'autrui, sinon vous ne ferez rien de nouveau pour avancer. Je l'ai compris bien trop tard, mais croyez-moi, en le saisissant à votre tour, vous économiserez de précieuses années que j'aurais tant voulu gagner plus tôt.

Mon but est d'être honnête et je dois vous dire que vous serez probablement seul sur ce parcours. Très peu de personnes comprendront ce que vous faites et pourquoi vous le faites. Quand je disais à certains amis que je n'avais pas le temps de les voir pendant le week-end et que je préférais passer des heures à regarder des vidéos, à lire des forums ou des documentations techniques sur la blockchain, j'étais seul mais déterminé. Vous aurez des moments de doute mais si vous êtes convaincu de votre(vos) créations, foncez.

Une grande majorité des êtres humains veulent juste être sur la ligne d'arrivée sans avoir l'entraînement. Pour courir le 100M en 9 secondes et demie, est-ce que vous croyez qu'Usain Bolt fait des entraînements de 10 secondes ? Bien sûr que non, c'est bien plus compliqué. Le 100M lors des Jeux Olympiques ou des championnats du monde sont la partie la plus simple.

Chapitre 1 : Le parcours

Le plus difficile reste l'entraînement. C'est la raison pour laquelle tant de personnes perdent leur temps et leur argent à jouer au loto. Le système est tout trouvé : il vous permet de courir 100M en moins de 10 secondes sans entraînement !! Ce n'est pas possible, mais ce dispositif de loto perdurera parce qu'il y aura toujours une masse qui y croira.

Règle numéro 3 : N'écoutez pas votre entourage si c'est ce que vous voulez vraiment. Écoutez seulement des personnes qui sont passés par le chemin que vous souhaitez atteindre.

Chapitre 2 : La société d'aujourd'hui

Depuis plus d'une dizaine d'années, les façons de penser ont clairement changé. Ce phénomène est notamment dû à l'arrivée des réseaux sociaux que j'appellerai « secondaires », ceux qui sont arrivés après Facebook, partie que je développerai dans ce chapitre. Ayant connu l'avant et l'après, la différence est flagrante. Cela apporte son lot de difficultés notamment dans des sujets importants comme l'éducation, mais je vais me focaliser sur la partie qui m'intéresse : leur mentalité.

Les problématiques

Il est important de comprendre que nous vivons dans un monde qui a évolué tellement rapidement, que nos grands-parents voire même nos parents ne le comprennent plus. Ils sont bloqués dans un monde qui n'existe plus. Si vous ne vous mettez pas à la page sans tarder, avec la vitesse de la technologie d'aujourd'hui, vous serez hors du temps en quelques mois. J'en ai encore eu l'exemple il y a 2 semaines au supermarché : la caissière était choquée que l'homme devant moi paye avec sa montre. Nous nous sommes regardés en souriant et en rétorquant à la caissière : « Oui Madame, cela fait déjà quelques années que l'on peut payer de cette manière ». Les individus s'isolent d'eux-mêmes : « ce n'est pas de mon âge, la technologie c'est trop compliqué pour moi, je ne comprends rien à tout ça, … » qu'est-ce qui les empêche de rester informé ? Simplement eux-mêmes. Aujourd'hui tout le monde dispose d'Internet (à moins que vous ne le vouliez pas) et donc à n'importe quelle information. C'est simplement une question de barrières mentales.

Il faut que vous arrêtiez de vous dire « Ce n'est pas pour moi, je n'aurais jamais telle ou telle chose, … » car votre cerveau va en être persuadé.

Chapitre 2 : La société d'aujourd'hui

Les ressources sont en grande quantité gratuite et n'ont jamais été aussi simples d'accès. Avant il fallait attendre que certains médias en parlent, s'abonner à des numéros hebdomadaires ou mensuels et attendre le prochain, ou encore aller à la bibliothèque.
Je le répète encore car l'art de l'apprentissage est la répétition : il faut vivre avec son temps et admettre qu'il faut continuer d'apprendre tout au long de votre vie. Les opportunités passées ne le sont peut-être plus aujourd'hui, et les opportunités d'aujourd'hui ne le seront peut-être plus dans le futur. Détenir l'information, c'est détenir le pouvoir.

Une autre problématique majeure explique pourquoi mon exemple du loto au chapitre précédent fonctionnera toujours : les individus sont de plus en plus paresseux, impatients et veulent que tout tombe du ciel sans rien fournir. L'arrivée des réseaux sociaux secondaires y a nettement contribué. Instagram et Tiktok sont pour moi assez destructeurs pour la grande majorité avec une mention spéciale pour Tiktok.

Ceux qui sont habitués à ces plateformes dès leur plus jeune âge consomment du contenu très rapide. Des vidéos d'une trentaine de secondes si ce n'est moins et passent à autre chose. Essayez de forcer une personne de ce type à se concentrer seulement 30 min sur une tâche. N'importe quel professeur vous dira que c'est impossible. C'est là la préoccupation principale : ils ont entre les mains un smartphone qui est une mine d'or, avec une quantité d'informations infinie accessible et ils passent leur journée à prendre des boosts de 30 secondes de vidéo. Peut-être parce que tout le monde le fait ?

C'est également pour cette raison que les riches sont de plus en plus riches et les pauvres de plus en plus pauvres. Les « pauvres » qui n'arrivent plus à se concentrer, qui n'arrivent pas à créer quelque chose consomment sans arrêt le contenu des plus riches qui eux ont compris comment fonctionne le système.

Comment le Bitcoin vous sauvera de cet économie

J'ai réellement un mauvais pressentiment sur cette « génération Tiktok » qui est censée selon l'Etat payer la retraite des actifs d'avant. Il n'y a pas seulement une variable mais deux : on a déjà vu l'endettement de l'Etat et sa capacité à gérer un budget, mais si on rajoute à cela la confiance que nous devons avoir en ces individus-là, mon choix a été très rapide. Ne dépendre d'aucun d'eux.

J'ai décidé de me focaliser sur le Bitcoin et les cryptomonnaies pour le côté incontrôlable qui est pour moi une sorte d'échappatoire vis-à-vis de l'État. C'est effectivement le plus risqué mais le plus libre. À mon sens, des institutions ont commis des erreurs irrattrapables. C'est pourquoi il est crucial de posséder un maximum d'actifs indépendants de leur contrôle.

Si vous êtes plus à l'aise avec l'immobilier, construisez-vous un patrimoine dans ce domaine, même si il existe pour moi des freins de ce côté : vous serez toujours dépendant du lieu et des conditions de l'immobilier. Par exemple vous ne pourrez jamais monter votre loyer plus haut que la loi le permet (une fois par an avec un montant ne devant pas dépasser x%. Je ne compte plus le nombre de lois contre l'investissement immobilier qui affluent de plus en plus ou le nombre de problèmes avec les locataires. Le rendement est également assez long avec le remboursement du crédit (sauf si vous achetez en une fois). Ce livre ne porte pas sur l'immobilier, mais il me semble important de l'aborder car beaucoup préfèrent investir dans un actif « matériel », qu'ils vont appeler « dans la pierre ». En plus de tous les problèmes mentionnés, vous serez également tributaire de ce que j'appelle « la prison du lieu ». Votre immeuble ou appartement n'est pas déplaçable, il est bloqué à un emplacement précis. Le quartier peut être attirant aujourd'hui, mais personne ne garantit que le maire ne décide pas l'année prochaine d'implanter des logements sociaux sur le parc de la rue d'à côté qui en faisait un quartier prisé. Dans la prison du lieu, il y a également la portée de l'investissement. Comme vous ne pouvez pas le déplacer, vous n'avez aucune portée.

Or le Bitcoin à une portée mondiale : si un pays du fond de l'Afrique décide d'utiliser de plus en plus les cryptomonnaies et Bitcoin (ce qui arrive de plus en plus), ils travaillent pour moi en quelque sorte. Est-ce que vous voyez la différence ? Il possède un effet de levier infini. Est-ce que vous préféreriez être propriétaire d'un magasin quelconque ayant une présence physique ou bien d'un magasin sur Internet capable de vendre ses produits dans le monde entier ? Les plus sensés d'entre vous prendront la deuxième option. En effet, la différence de portée est gigantesque.

Dans l'option une, la clientèle que vous allez toucher est la population du village, du département ou peut-être de la région. Alors que dans la deuxième option, la clientèle cible est très simple : le monde. C'est exactement le même principe entre un appartement et le Bitcoin. Pour des personnes voulant néanmoins investir dans l'immobilier, vous ferez tout de même mieux que 50% de la population. J'ai moi-même expérimenté la location courte durée (LCD), que j'ai assez rapidement arrêté pour certaines des raisons que j'ai mentionnées.

Si vous êtes plus à l'aise avec le marché traditionnel (actions, indices, …), allez dans ce domaine. Même si vous ne choisissez pas le Bitcoin, j'aurais néanmoins accompli une partie de ma mission, qui est de vous rendre moins dépendant de l'État tout en ayant compris que son économie se dirige droit dans le mur.

Le bruit

Il faut que vous soyez capable de faire abstraction de ce que j'appelle « le bruit », auquel cas vous serez condamné à exécuter les mêmes tâches et ne jamais évoluer.

1) Le premier bruit auquel vous ne devez pas prêter attention est le plus commun : les médias et les journalistes.

Comment le Bitcoin vous sauvera de cet économie

Je l'ai déjà évoqué partiellement au cours de ce livre mais je vais rentrer un peu plus en profondeur.

Leur discours a peu à peu évolué mais reste sur la même ligne de conduite. Leur but est de sauter sur n'importe quelle occasion de créer de l'audimat sans pour autant faire l'apologie du Bitcoin. N'importe quelle nouvelle « choc » sera suffisante pour eux : « Bitcoin a perdu 20% cette semaine ! Bitcoin est à 71000$ aujourd'hui ! Une étude a démontré que les cryptomonnaies servaient aux terroristes et au blanchiment d'argent ! » Soyons clairs, 80% des journalistes ne comprennent pas un dixième de cette technologie et pourtant ils font paraître le contraire. Sachez dissocier le travail d'un journaliste qui est normalement de simplement relayer une information alors que la plupart d'entre eux aujourd'hui donnent des informations dirigées et sans connaissance sur le sujet que le grand public va croire. Vous ne verrez jamais une chronique dédiée à la blockchain dans le journal d'une grande chaine comme TF1 (jusqu'à aujourd'hui) avec un expert sur le sujet. Ils préfèrent inviter Kylian Mbappe qui va ramener bien plus de monde.

Sachez qu'il y a des conflits d'intérêts partout. À qui appartient une grande chaîne publique ? Vous avez la réponse. Pensez-vous que ces mêmes chaînes vont promouvoir la blockchain alors que l'État, le système, et ceux qui les financent la combattent pour leurs propres intérêts ?
Il y a d'autres moyens si vous souhaitez être informé sur l'actualité, mais faites abstraction de ce genre de média gangrenés de l'intérieur. Depuis que je n'écoute plus leur « bruit », je ne m'en porte que mieux.

2) Le deuxième bruit auquel vous ne devez pas prêter attention est compliqué à éviter, c'est celui de l'entourage.
Il est difficile de ne pas l'écouter car le plus souvent vos amis proches ainsi que votre famille veulent que vous réussissiez.

Dans la majorité des cas, vos parents et grands-parents sont bloqués dans l'ancien monde. Ils n'ont pas pris le temps d'évoluer et de continuer à apprendre, se mettre à jour. Je suis prêt à parier qu'ils sont dans cette situation-là. Il peut être contre nature de ne pas les écouter, mais dans ce scénario il ne faut pas. Pourquoi des personnes n'étant pas où vous voulez être devraient vous prodiguer des conseils ? Peu importe qui ils sont, proche ou non c'est identique.
Il en va de même pour vos amis proches. Vous devez sensiblement avoir le même âge, donc à peu près la même époque mais ils sont bloqués dans leur routine et enfermés dans leur zone de confort. Il se passe un phénomène encore plus surprenant lorsque votre entourage commence à comprendre ce que vous faites : il y a toujours un petit nombre aléatoire d'individus de ce cercle qui est maintenant devenu professionnel comme par magie dans le domaine du Bitcoin, de la blockchain et de l'économie. La psychologie humaine est fascinante mais si prévisible (c'est pour cela qu'elle dicte le grand des marchés). J'apprenais matin, midi et soir depuis des années. Il était évident qu'ils n'allaient rien m'apprendre.
À côté il y aura également ceux qui vous demanderont des conseils. Ce sont les premiers alors que la semaine d'avant, ils pensaient que le Bitcoin était une arnaque. Il ne considère même pas dédier plus d'une journée à l'étudier. Ne perdez pas votre temps avec ces individus, proche ou non. Ceux qui tiennent réellement à vous resteront malgré tout. L'entourage est un facteur trop sous-estimé, mais primordial.

Comment le Bitcoin vous sauvera de cet économie

3) Le troisième bruit auquel vous devez faire face est peut-être le plus dévastateur : les réseaux sociaux.

   Il est très facile de trouver de nombreux comptes Twitter mentionnant tout et n'importe quoi. Comme ce livre vise à vous faire comprendre l'importance du Bitcoin et des cryptomonnaies, vous tomberez assurément sur des individus promouvant des arnaques ou autres lors de vos recherches. Mon objectif est de vous aider à éviter cela, afin que vous gagniez du temps et de l'argent. Ne foncez pas tête baissée sur le premier compte qui vous promet des rendements de XX% fixe pour un temps donné, ou tout autre promesse qui vous paraît suspecte. Je pourrais dresser une liste des arnaques, mais elle prendrait 10 pages. Pour faire simple, ces conseils paraissent banals, mais croyez-moi je connais des dizaines de personnes qui se sont fait avoir : renseignez-vous avant de cliquer sur des liens suspects, avant de mettre vos capitaux à un certain emplacement, etc… vous ne devez pas foncer sans réfléchir. C'est bien souvent une technique utilisée par les arnaqueurs : jouer avec votre sentiment de la peur de rater le train. « il ne reste plus que X places » « dépêchez-vous l'offre expire dans quelques jours » « Les X premiers auront tel ou tel bonus »
   Bien que le Bitcoin soit pour l'instant un des actifs les plus rentables, Il n'existe pas de taux fixe ou autre garantie absurde.

   Il existe des rendements bien plus profitables sur certaines cryptomonnaies que nous appelons altcoins (tout ce qui n'est pas Bitcoin). Cependant vous devez comprendre que n'importe qui peut créer une cryptomonnaie. Tandis que le Bitcoin n'appartient à personne, pratiquement toutes les autres altcoins appartiennent à des fondations ou à des entreprises, avec les risques que cela implique.

Mon but est simplement de vous avertir concernant les réseaux sociaux. Les personnes derrière ces gros comptes sont là depuis des années et peuvent vous appâtez en vous faisant perdre -98% en 3 seconde.

Vous n'êtes pas non plus contraints de débourser des sommes exorbitantes pour des formations, du moins au début, jusqu'à ce que vous ayez identifié votre domaine d'expertise potentielles. J'ai moi-même étudié avec des sources gratuites pendant quelques années. Il y a énormément de contenu qualitatif, il faut juste savoir chercher et les trouver. J'ai par ailleurs acheté en parallèle 4 ou 5 livres qui m'ont peut-être appris plus qu'une formation pour un investissement bien moindre.

La clé est toujours la même : le savoir. Plus vous avez de connaissances, moins de chances vous avez de perdre du temps et de l'argent.

En ce qui concerne les réseaux sociaux, c'est un outil très puissant il faut juste savoir l'utiliser. Suivez simplement quelques médias renommés (Pas ceux de la télé qui sont justes sur les réseaux sociaux, c'est encore pire) qui donnent juste l'information exacte et rapide. Les meilleurs médias dans ce domaine sont tenus par des personnes seules ou des petits groupes hors de toute propagande anti cryptomonnaie proposée par les journaux traditionnels.

Il est primordial que vous arriviez à trier le bruit des informations utiles. Si vous ne vous entraînez pas à cette aptitude, vous allez vous noyer.

Chapitre 3 : Prenez le bon chemin

Désormais, je pars du principe que vous avez compris l'importance et la supériorité du Bitcoin et de la blockchain pour l'avenir. Ainsi, j'imagine que vous souhaitez investir dans cet actif. Quand vous arriverez à effacer tout le bruit extérieur, vous serez toujours confronté à des obstacles personnels.

On me répétait souvent « mais tu es fou de mettre 500€, c'est un quart du salaire moyen en France ! » En premier lieu, il y avait une faute dans la phrase, c'est plutôt un quart du salaire **médian** en France, mais passons. Lorsque j'injectais cette somme, c'était lors d'un timing bien précis : le monde entier avait peur. Voici le premier obstacle du blocage mental de la plupart des particuliers.

1) La peur

Depuis l'existence des marchés financiers, il y a toujours eu des périodes de fortes baisses que nous appelons des crashs. Ils sont valables pour tous les types de marchés y compris la bourse du Nasdaq ou bien le SP500. La plupart des mauvais investisseurs vont succomber au bruit, céder à la panique et sûrement passer du côté des vendeurs. C'est la pire chose à penser. Je pourrais citer les crashs de marché en 2008, et celui de la pandémie de COVID-19 en 2020. On peut facilement remarquer qu'après ces fortes baisses, le marché est reparti très fort. Pendant la période du COVID-19, y a-t-il eu un problème technique quelconque ? Est-ce qu'un GAFAM a déjà fait faillite ? Aucune de ces raisons n'explique vraiment la situation. La seule explication, c'était la peur collective de manquer, ou peut-être une forme d'angoisse partagée. Il n'y avait rien de fondé. Souvenez-vous de ces centaines de personnes allant acheter plusieurs dizaines de rouleaux de papier toilette ou de trentaine de sachets de riz.

Les gens se battaient dans les supermarchés ! Quelle est la cause ? Toujours la peur, instauré par les médias et autre.

Si vous voulez devenir professionnel, il faut se positionner dans le sens contraire : chacun de ces crashs est une bénédiction et ils permettent de faire de meilleurs profits. Dans la finance, il y a un dicton que j'apprécie particulièrement « achetez la peur ». En l'appliquant minutieusement, vous serez mieux placé que 50% de la masse.

Les périodes de 2008 et 2019 ont affecté tous les marchés. Néanmoins dans le domaine qui nous intéresse des cryptomonnaies, il y en a eu d'autres. La faillite de la deuxième plus grosse plateforme d'échange de cryptomonnaie en 2022 FTX, que j'ai mentionné plutôt dans ce livre. En effet le Bitcoin a perdu 26% de sa valeur en quelques jours. Encore une fois, y avait-il un problème technique sur une blockchain qui l'avait mené à l'arrêt ? Absolument pas. Le seul problème venait des mains de l'ancien PDG de la plateforme : un incident causé par un humain trop avare. Beaucoup de clients avaient leurs fonds bloqués. Mis à part cette composante, il n'y avait **fondamentalement** et **techniquement** aucune raison que ce crash survienne. La seule source possible est encore la peur.

Je vais vous laisser méditer sur une information capitale : aujourd'hui, à la moitié de l'année 2024, le Bitcoin n'est jamais redescendu en dessous des valeurs atteintes lors de ce -26% en novembre 2022. Pour les curieux d'entre vous, les professionnels ayant acheté à cette période sont en bénéfice de plus de 300% ; et croyez-moi il y en a. Mon but n'est pas de vous promettre des centaines de pourcent en termes de rendement, mais bien de vous instaurer la mentalité à avoir dans ce genre de situation.

Il est primordial de prendre du recul lorsque ce genre de scénario arrive afin de bien comprendre les causes et conséquences et surtout si l'aspect fondamental est en danger ou non.

2) Annihiler les sentiments et les émotions

La société entière est basée sur les émotions qui sont le deuxième obstacle, et il en va de même pour les marchés financiers. Seuls les professionnels agissent sans émotions. Si vous voulez changer votre vie grâce au Bitcoin, ce qui est possible, vous devez penser comme un professionnel et encore être contre la masse.
 On me répétait souvent que j'étais inconscient de laisser mes liquidités dans des actifs aussi volatiles. Je leur répondais une phrase très simple :
« C'est toi qui es imprudent de faire confiance aux banques, oui j'encaissais des pertes de - 20,- 30 ou même - 50% mais les idées du fondamental sont inévitables dans le futur »

Le monde financier n'a qu'un seul gagnant : le capitaliste, et ce depuis des dizaines d'années. Posez-vous les bonnes questions, c'est pour cette raison que les riches sont de plus en plus riches. Vous devez jouer avec les mêmes armes.
Le perdant vendra dès que sa position aura légèrement baissé, alors que le marché s'affole, comme toujours. Il rachètera 2 ou 3 semaines après à un prix plus élevé, car le marché sera en euphorie totale. C'est de cette façon que 80% sont perdants.

Croyez-vous que si j'avais vendu mes positions lorsqu'elles étaient à - 30%, j'aurais été gagnant ? Peut-être à court terme, et encore. Le but est de viser le long terme, comme un professionnel. Si vous croyez en la technologie, tout ce qui se passe sur des espaces de temps réduit ne doit pas vous affecter.
Lorsqu'un magasin affiche tel ou tel produit en solde, les clients se ruent devant cet article. L'ironie est dans la comparaison avec le marché : quand il y a une correction qui peut être comparé aux soldes, tout le monde a peur et les particuliers n'achètent pas.

Est-ce que vous voyez ce contraste inexplicable ? C'est exactement dans cette fenêtre que vous devez vous engouffrer.

Croyez-vous que Warren Buffet ait réussi dans la bourse en vendant / achetant ses actions Apple ou autre chaque mois ? Assurément que non. Il conservait ses positions pendant plusieurs années, les renforçant méthodiquement par des intervalles choisis.

C'est peut-être un des aspects les plus difficiles à apprendre pour la plupart, mais c'est celui qui peut vous faire perdre le plus.

J'ai eu la chance d'apprendre assez tôt qu'il ne faut pas dévoiler ses émotions ou ses sentiments à n'importe qui, sous peine que cela se retourne contre vous. Si vous leur donnez ils auront un pouvoir contre vous. Dans les marchés, c'est identique.

Il faut simplement comprendre les cycles sur des plus grosses périodes de temps et capter les opportunités.

Loin de moi l'idée de vous encourager à conserver une position en actions ou en Bitcoin pendant des dizaines d'années sans profiter des gains (à moins que cela ne soit votre souhait), mais plutôt de vous montrer qu'il est important d'identifier les tendances à intercepter.

3) Restez à jour

Pour vous aider à saisir ces opportunités au meilleur moment, vous devez rester à jour. A l'image d'un ordinateur qui doit garder un système à jour sous peine d'être dépassé, il en va de même pour vous. Dans le monde de l'informatique, les failles et les nouveautés évoluent très rapidement. Une seule petite faille peut-être la raison de fermeture d'une entreprise. Cet aspect est trop souvent négligé, tout le monde vit avec Internet mais peu en comprennent son évolution.

Ce domaine croît à une grande vitesse alors que l'humanité a déjà quelques dizaines d'années d'historique.

Comment le Bitcoin vous sauvera de cet économie

Imaginez maintenant la technologie blockchain, qui a moins de dix ans d'existence et fonctionne sur Internet. On a ajouté une couche de nouvelles technologies sur une base que beaucoup de gens ne comprenaient déjà pas.

Il s'agit simplement d'un effet de levier de l'incompréhension. Si vous ne restez pas à jour rapidement, vous devrez rattraper toujours plus. Pour les plus mathématiciens d'entre vous, on peut comparer le niveau d'incompréhension sur le temps à une fonction exponentielle qui augmentera de plus en plus vite.

Une semaine dans le monde des cryptomonnaies peut être égale à quelques mois dans le monde « normal » notamment avec cet effet de surcouches.

La nature humaine tend à repousser tout ce qui est nouveau et incompris. Par conséquent, ils se mettent à détester et repousser l'innovation alors qu'elle demander parfois un petit temps d'apprentissage. Il se peut que ce temps soit simplement en minutes ou en quelques heures, mais c'est déjà trop pour beaucoup.

Je rencontre tous les jours des situations correspondantes. Lors de mon travail dans l'informatique, je ne comptais plus le nombre de fois où les clients étaient perdus parce qu'une mise à jour avait déplacé un bouton de gauche à droite sur l'interface de leur logiciel. Cette situation était tout aussi réelle que surréaliste. Je pouvais entendre dans leur voix que ce problème était vital pour eux. Nous étions vraiment au niveau 0 en termes d'adaptabilité. Comment réagiront ces personnes lorsqu'un véritable problème surviendra ?

Malheureusement pour ces personnes, il est quasiment trop tard pour changer d'attitude. Sinon cela va être très long et difficile. Elles sont bloquées dans une mentalité de « Je sais tout, je connais tout, et tout m'est du » pour la plupart.

Il est déroutant pour eux de constater que le monde évolue de plus en plus vite, surtout dans les technologies, et d'admettre qu'ils doivent se mettre à jour ou apprendre des plus jeunes. Car oui, ces personnes sont souvent d'un âge avancé. C'est pourquoi vous devez apprendre à vous adapter aux changements, aux évolutions et aux technologies le plus tôt possible. Ainsi, votre esprit sera entraîné à toujours apprendre, peu importe le domaine (blockchain, informatique, ou autre).

C'est exactement comme reprendre un sport après avoir arrêté pendant 20 ans. Pourquoi croyez-vous que la plupart des sportifs de haut niveau ont entre 18 et 30 ans ? Le cerveau est un muscle ; si vous ne l'entraînez pas, il subira le même sort.

Je ne cesserai de le répéter : **la connaissance est synonyme de pouvoir.**

Pour appuyer ce propos et rester dans le domaine de la blockchain, vous êtes-vous déjà demandé comment les professionnels sortent presque toujours gagnants de leurs investissements ? Ils ont tout simplement des informations capitales avant tout le monde sur tel ou tel projet. C'est comme s'ils avaient la carte 2 h avant tous les joueurs d'une chasse au trésor. Et vous avez compris, 2 h peuvent être déjà trop.

Rester à la page dans un monde qui évolue à cette vitesse est donc une nécessité.

Résumé

Je voyais beaucoup de personnes dans mon entourage qui ne comprenaient pas Bitcoin. Cela a été pour moi l'élément déclencheur pour l'écriture de ce livre sur lequel j'ai travaillé pendant près d'une année. Il aurait été trop long de leur expliquer tous ces concepts lors d'une conversation (Par manque de temps ou d'implication de mon interlocuteur). Le premier tri aura été effectué en amont. Si vous avez acheté ce livre, c'est que vous êtes au moins un peu intéressé et souhaitiez en savoir plus sur le sujet.

Je préfère à mon sens toucher moins de lecteurs, mais atteindre les plus curieux et motivés d'entre vous. Ceux qui vont réellement déceler la puissance de cette technologie et la gravité de l'économie aujourd'hui.

Bitcoin est la première cryptomonnaie à avoir été créé, par ce que j'appellerai un visionnaire : Satoshi Nakamoto. En dehors du côté spéculatif, il dispose de caractéristiques primordiales :

- La quantité de Bitcoins est limité : il n'y en aura jamais plus de 21 millions. Là où les monnaies habituelles peuvent être créés à l'infini. N'oubliez pas ce qui crée l'exceptionnalité, c'est la rareté.
- Il est incensurable : une fois que vous en avez fait l'acquisition, personne ne peut vous le censurer ou vous l'enlever. Il vous appartient réellement.
- Aucun tiers de confiance : si vous voulez échanger 1 ou 2 Bitcoins peu importe sa valeur en dollars, avec une autre personne, il n'y a aucun intermédiaire à qui le demander ou qui va vérifier et tracer cette transaction. Vous avez l'argent, vous faites la transaction. C'est la définition de la liberté.

Tout est déjà vérifié sur la blockchain (si vous avez les fonds nécessaires, etc, …)

- Sécurisé grâce à des mineurs du monde entier. Même si un pays interdit le minage de cryptomonnaie (qui va être de plus en plus rare) comme ce qui est arrivé à la Chine il y a quelques années avant de changer d'avis, le réseau continuera toujours à tourner.

  Anecdote : depuis sa création en 2009, le réseau Bitcoin n'a jamais connu de coupure ni de piratage. Nombreux sont ceux qui ont pourtant tenté en vain de le compromettre.

- Aucune discrimination : n'importe qui peut utiliser Bitcoin. Une personne vivant au fond de l'Asie peut échanger avec un milliardaire de la Silicon Valley aux États-Unis en ayant les mêmes droits. Il suffit juste de posséder une connexion Internet.

Retenez ces aspects et vous comprendrez pourquoi Bitcoin est inévitable. Il serait fort probable qu'il devienne dans le futur une valeur refuge comme l'est actuellement l'or.

Il existe de nombreux domaines qui ne relèvent pas de l'objet de ce livre. Notamment des aspects plus techniques comme l'existence d'une seconde couche (le Lightning Network que l'on appelle des Layer 2) qui vient se greffer sur le réseau Bitcoin afin d'augmenter la vitesse des transactions, la scalabilité. J'ai évoqué avec parcimonie les autres cryptomonnaies que l'on appelle « altcoins », car à mon sens il est nécessaire de bien comprendre Bitcoin en premier lieu. D'autant plus qu'un grand pourcentage de ces altcoins sont inutiles. Il y a néanmoins d'énormes possibilités pour creuser ce monde qui allie à la fois la finance, la cryptographie, des questions de propriété privée et de liberté.

Ignorez le bruit ambiant, notamment celui des médias qui continuent à considérer Bitcoin comme la monnaie des terroristes et du blanchiment d'argent. Ces opinions proviennent soit de manipulations, soit d'un manque de compréhension des principes fondamentaux de cette technologie. Faites-vous votre propre avis, soyez curieux et créez-vous des opportunités. Ce que j'ai présenté dans ces pages constitue uniquement les principes fondamentaux nécessaires pour appréhender la partie visible de l'iceberg.

Maintenant que vous avez mesuré l'importance de la crise des Etats souverains et de leur monnaie, j'espère que ce livre aura suscité en vous le désir d'approfondir votre compréhension de Bitcoin et de la blockchain, ne serait-ce que pour leur aspect technologique révolutionnaire. Dans ce cas, j'aurai réussi ma mission. Il serait regrettable de manquer cette avancée majeure, qui est promise à avoir un impact aussi significatif que celui d'Internet dans les années 2000.

Glossaire

BCE : Banque Centrale Européenne, responsable de la stabilité des prix dans la zone euro.

Cypherpunks : Mouvement promouvant la vie privée numérique par la cryptographie.

DEFi : Finance décentralisée, utilisant la blockchain pour des services financiers sans intermédiaires.

ETF : Exchange Traded Fund, fonds qui suit la performance d'un actif spécifique.

FED : Federal Reserve, la banque centrale américaine.

GAFAM : Initiales des cinq plus grandes entreprises technologiques : Google, Apple, Facebook (Meta), Amazon, Microsoft.

LEP : Livret d'Épargne Populaire, offrant un rendement généralement supérieur à celui du Livret A.

MNBC : Monnaie Numérique de Banque Centrale, émise et contrôlée par les banques centrales. Son homologue anglais est CBDC (Central Bank Digital Currency).

P2P : Peer-to-Peer, réseau permettant l'échange direct d'informations sans intermédiaires.

POS : Proof Of Stake, mécanisme où les validateurs créent des blocs selon la quantité de cryptomonnaie qu'ils « bloquent ».

POW : Proof of Work, où les mineurs résolvent des problèmes mathématiques pour valider les transactions.

SEC : Securities and Exchange Commission, régule les valeurs mobilières aux États-Unis. Son homologue, la CFTC (Commodity Futures Trading Commission) régule les matières premières.
Dans le domaine des cryptomonnaies, un grand débat quant à leur appartenance à l'un ou à l'autre de ces régulations.

Références

1. Raul, Howmuch, « The Rise and Fall of the Dollar 2019, »
   https://howmuch.net/articles/rise-and-fall-dollar

2. Principaux actifs par capitalisation boursière.
   https://companiesmarketcap.com/assets-by-market-cap/

3. Reventure Consulting, « Défaut de crédit sur les cartes
   bancaires », données issues des dépôts de Discover
   Financial auprès de la SEC (Formulaire 8-K), visibles sur la
   chaine de « Reventure Consulting »
   http://www.youtube.com/@ReventureConsulting

4. Trading Economics, « Données sur le Core inflation »
   https://tradingeconomics.com/united-states/core-inflation-rate

5. Trading Economics, « Décision de la FED sur les taux
   d'intérêt », d'après les données de la FED.
   https://tradingeconomics.com/united-states/interest-rate

6. Comptes nationaux – Insee, « Dette au sens de Maastricht et
   dette nette »
   https://www.insee.fr/fr/statistiques/8210074#graphique-dette-
   g1-fr

7. Out World in Data – Taux de fertilité, « Nombre d'enfants par
   femme »
   https://ourworldindata.org/fertility-rate

8. Fiscal Data, « Dette nationale des Etats-Unis depuis les 100 dernières années »
    https://fiscaldata.treasury.gov/americas-finance-guide/national-debt/

9. Crypto com Research, Rapport Market Sizing Report H1 2023 « L'adoption d'Internet contre celle de Bitcoin » https://crypto.com/research

Remerciements :

Je tiens à exprimer ma gratitude envers toutes les personnes qui ont contribué, de près ou de loin, à la réalisation de cet ouvrage, notamment pour les précieux conseils et les relectures qui m'ont aidé à en peaufiner chaque détail jusqu'à la version finale.

Envie d'en savoir plus ?
Scannez ce QR code pour accéder à mon Twitter. J'y partage régulièrement des actualités essentielles sur l'économie, le Bitcoin et la blockchain.

Édition : BoD · Books on Demand,
31 avenue Saint-Rémy, 57600 Forbach,
bod@bod.fr
Impression : Libri Plureos GmbH,
Friedensallee 273, 22763 Hamburg
(Allemagne)
ISBN : 978-2-3225-7097-3
Dépôt légal : Mars 2025